金陵全書

丁編·文獻類

南華真經新傳

（宋）王雱 傳

南京出版傳媒集團
南京出版社

圖書在版編目（CIP）數據

南華真經新傳 /（宋）王雱傳. -- 南京 : 南京出版社, 2023.5

（金陵全書）

ISBN 978-7-5533-4167-5

Ⅰ. ①南… Ⅱ. ①王… Ⅲ. ①道家 - 研究 Ⅳ. ①B223.05

中國國家版本館CIP數據核字（2023）第059548號

書　名	【金陵全書】（丁編・文獻類） 南華真經新傳
作　者	（宋）王　雱
出版發行	南京出版傳媒集團 南　京　出　版　社

社址：南京市太平門街53號　　郵編：210016

網址：http://www.njcbs.cn　　電子信箱：njcbs1988@163.com

聯系電話：025-83283893、83283864（營銷）　025-83112257（編務）

出 版 人	項曉寧
出 品 人	盧海鳴
責任編輯	嚴行健
裝幀設計	楊曉崗
責任印製	楊福彬

製　版	南京新華豐製版有限公司
印　刷	南京凱德印刷有限公司
開　本	889毫米 × 1194毫米　1/16
印　張	46.5
版　次	2023年6月第1版
印　次	2023年6月第1次印刷
書　號	ISBN　978-7-5533-4167-5
定　價	800.00元

用微信或京東APP掃碼購書

用淘寶APP掃碼購書

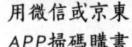

總序

南京，古稱金陵，中國著名的四大古都之一，是國務院首批公佈的國家歷史文化名城。

南京有着六十萬年的人類活動史，近二千五百年的建城史，約四百五十年的建都史，享有『六朝古都』『十朝都會』的美譽。南京歷史的興衰起伏在某種程度上可以説是中國歷史的一個縮影。在中華民族光輝燦爛的歷史長河中，古聖先賢在南京創造了舉世矚目、富有特色的六朝文化、南唐文化、明文化和民國文化，爲中華民族文化的傳承和發展做出了不朽貢獻。然而，由於時代的遞遷、戰爭的破壞以及自然的損毁等原因，歷史上南京的輝煌成就以物質文化形態留存下來的相對較少，見諸文獻典籍的則相對較多。南京文獻内涵廣博，卷帙浩繁，版本複雜。截至一九四九年中華人民共和國成立，南京文獻留存下來的有近萬種，在全國歷史文化名城中名列前茅。以六朝《世説新語》《文心雕龍》《昭明文選》，唐朝《建康實録》，宋朝《景定建康志》《六朝事跡編類》，元朝《至正

金陵新志》，明朝《洪武京城圖志》《金陵古今圖考》《客座贅語》，清朝《康熙江寧府志》《白下瑣言》，民國《首都計劃》《首都志》《金陵古蹟圖考》等爲代表的南京地方文獻，不僅是南京文化的集中體現，也是中華民族優秀傳統文化的重要組成部分。這些南京文獻，積澱貯存了歷代南京人民的經驗和智慧，翔實地反映了南京地區的社會變遷，是研究南京乃至全國政治、經濟、軍事、文化、外交和民風民俗的重要資料。

歷史上的南京文化輝煌燦爛，各類圖書典籍琳琅滿目。迄今爲止，南京文獻曾經有過三次不同程度的整理。

第一次是距今六百多年前的明朝永樂年間，明朝中央政府在南京組織整理出版了《永樂大典》。《永樂大典》正文二萬二千八百七十七卷，凡例和目録六十卷，分裝成一萬一千零九十五册，總字數約三億七千萬字。書中保存了中國上自先秦、下迄明初的各種典籍資料達七八千種，是中國古代最大的類書。

第二次是民國年間，南京通志館編印了一套《南京文獻》。《南京文獻》每月一期，從一九四七年元月至一九四九年二月共刊行了二十六期，收入南京地方文獻六十七種，包括元明清到民國各個時期的著作，其中收録的部分民國文獻今

天已經成爲絶版。

第三次是二〇〇六年以來，南京出版社選取部分南京珍貴文獻，整理出版了一套《南京稀見文獻叢刊》點校本，到二〇二〇年，已經出版了六十九册一百零五種，時代上起六朝，下迄民國，在學術普及方面做出了一定的貢獻。

中華人民共和國成立以來，尤其是改革開放以來，南京的政治、經濟、文化建設飛速發展，但南京文獻的全面系統整理出版工作一直没有得到應有的重視，這與南京這座國家歷史文化名城的地位頗不相稱。據調查，目前有關南京的各類文獻主要保存在南京圖書館、南京市檔案館，以及全國各地的高等院校、科研院所、圖書館、檔案館、博物館，少數流散於民間和國外。一方面，廣大讀者要查閱這些收藏在全國各地的南京文獻殊爲不便；另一方面，許多珍貴的南京文獻隨着歲月的流逝而瀕臨損毁和失傳。南京文獻的存史、資治、教化、育人功能没有得到應有的發揮。

盛世修史（志）。在中華民族和平崛起和大力弘揚民族傳統文化、全力發展民族文化事業的大背景下，在建設『文化南京』的發展思路下，中共南京市委、南京市人民政府於二〇〇九年十二月做出決定，將南京有史以來的地方文獻進行

全面系統的匯集、整理和影印出版，輯爲《金陵全書》（以下簡稱《全書》），以更好地搶救和保護鄉邦文獻，傳承民族文化，推動學術研究，促進南京文化建設；同時，也更爲有効地增加南京文獻存世途徑，提昇南京文獻地位，凸顯南京文獻價值。

爲編纂出能够代表當代最高學術水平和科技成就，又經得起時間檢驗的《全書》，我們將編纂工作分成三個階段進行。第一個階段爲調研階段，主要對南京現存文獻的種類、數量、保存現狀以及收藏地點等進行深入細緻的調研，召集專家學者多次進行學術論證和可操作性論證，撰寫出可行性調查報告，爲科學決策提供依據，此項工作主要由中共南京市委宣傳部和南京出版社組織完成。第二個階段爲啓動階段，以二〇〇九年十二月二十四日召開的『《金陵全書》編纂啓動工作會』爲標志，市委主要領導親自到會動員講話，市委宣傳部對《全書》的編纂出版工作作了明確部署。在廣泛徵求專家學者意見的基礎上，確定了《全書》的總體框架設計，確定了將《全書》列爲市委宣傳部每年要實施的重大文化工程，確定了主要參編責任單位和責任人，並分解了任務。第三個階段爲編纂出版階段，主要在全國範圍内進行資料的徵集、遴選和圖書的版式設計、複製、排版

及印製工作。

爲了確保《全書》編纂出版工作的順利進行，中共南京市委、南京市人民政府成立了專門的編纂出版組織機構。其中編輯工作領導小組，由中共南京市委、市政府領導以及相關成員單位主要負責人組成；《全書》的編纂出版工作由市委宣傳部總牽頭；學術指導委員會，由蔣贊初、茅家琦、梁白泉等一批全國著名的專家學者組成，負責《全書》的學術審核和把關。

《全書》分爲方志、史料、檔案和文獻四大類。自二〇一〇年起，計劃每年出版四十册左右。鑒於《全書》的整理出版工作難度較大，周期較長，在具體操作中，我們採取了分工協作的方式。市委宣傳部和南京出版社負責《全書》的總體策劃，其中方志部分，主要由南京市地方志編纂委員會辦公室和南京出版傳媒集團·南京出版社共同承擔；史料和文獻部分，主要由南京圖書館承擔；檔案部分，主要由南京市檔案局（館）承擔。《全書》的編輯出版，得到了江蘇省文化廳、江蘇省新聞出版局、江蘇省檔案局（館）、南京大學、南京圖書館、南京市文廣新局、南京市社科聯（社科院）、南京市文聯、金陵圖書館以及各區委宣傳部和地方志辦公室等單位及社會各界的熱情鼓勵和大力支持，尤其是得到了中國

國家圖書館和全國各地（包括港臺地區）高等院校、科研院所、圖書館、檔案館、博物館等藏書單位的鼎力相助，在此表示深深的謝意！

我們相信，在中共南京市委、南京市人民政府的長期不懈支持下，在各部門、各單位的積極配合和衆多專家學者的共同努力下，這項功在當代、利在千秋的傳世工程一定能够圓滿完成。

《金陵全書》編輯出版委員會

凡例

一、《金陵全書》（以下簡稱《全書》）收録的南京文獻，分爲方志、史料、檔案和文獻四大類。

二、《全書》按上述四大類分爲甲、乙、丙、丁四編，以不同的封面顏色加以區分；每編酌分細類，原則上以成書時代爲序分爲若幹册，依次編列序號。

三、《全書》收録南京文獻的地域範圍，包括了清代江寧府所轄上元、江寧、句容、溧水、高淳、江浦、六合。

四、《全書》收録的南京文獻，其成書年代的下限爲一九四九年。

五、《全書》收録方志、史料和文獻，盡量選用善本爲底本。《全書》收録的檔案以學術價值和實用價值較高爲原則，一般選用延續時間較長、相對比較完整的檔案全宗。

六、《全書》收録的南京文獻底本如有殘缺、漫漶不清等情況，必要時予以配補、抽換或修描，以保證全書完整清晰；稿本、鈔本、批校本的修改、批注文

字等均保留原貌。

七、《全書》收録的南京文獻，每種均撰寫提要，置於該文獻前，以便讀者了解其作者生平、主要内容、學術文化價值、編纂過程、版本源流、底本採用等情況。

八、《全書》所收文獻篇幅較大時，分爲序號相連的若幹册；篇幅較小的文獻，則將數種合編爲一册。

九、《全書》統一版式設計，大部分文獻原大影印；對於少數原版面過大或過小的文獻，適當進行縮小或放大處理，並加以説明。

十、《全書》各册除保留文獻原有頁碼外，均新編頁碼，每册頁碼自爲起訖。

提要

《南華真經新傳》二十卷，拾遺一卷，宋王雱傳。

王雱（一〇四四—一〇七六），字元澤，王安石之子。少聰穎，年未冠，已著書數萬言，治平四年（一〇六七）進士及第。宋神宗時任太子中允、崇政殿説書，神宗數留與語。受詔注《詩》《書》義，擢爲天章閣待制兼侍講，熙寧九年（一〇七六），遷爲龍圖閣直學士。後因病辭官，同年去世，年三十三，特贈左諫議大夫。生平事迹略具《宋史》卷三百二十七王安石傳後。

熙寧七年四月，王安石初次罷相，知江寧府，身多疾病的王雱隨王安石返回金陵，其間，朝廷差遣中使張謂前來醫治。熙寧八年二月，王安石再拜相，王雱隨父再返京師，此後病情加重。熙寧九年七月（或曰九月），王雱病卒，王安石極度悲痛，十月再次罷相，判江寧府。隨後，王雱棺柩由朝廷差遣李友詢護送至金陵安葬，王安石有《題雱祠堂》一詩，自注『在寶公塔院』。

王雱此書，《四庫全書總目》卷一百四十六有載，其提要曰：『是書體

例略仿郭象之注，而更約其詞，標舉大意，不屑屑詮釋文句。大旨謂内七篇皆有次序倫貫，其十五外篇、十一雜篇，不過藏内篇之宏綽幽廣，故所説内篇爲詳。後附《拾遺》《雜記》一卷，以發揮餘義，疑其書成後所補綴也。史稱雱睥睨一世，無所顧忌，其悢愎本不足道。顧率其傲然自恣之意，與莊周之滉漾肆論，破規矩而任自然者，反若相近，往往能得其微旨。』此書之要義，《總目》蓋已盡之矣。雱謂『内七篇皆有次序倫貫』，如注《應帝王》篇末『七日而渾沌死』曰：『夫渾沌者，言其道合而一致，得其妙者足以逍遥，足以齊物，足以養生，足以經世，足以充德，足以爲宗師……七日者，七篇之數也，此莊子盡道於内篇之七也。』推而演之，雱非但以内七篇皆有次序倫貫，即一篇之内，亦爲講明前後文之順序，藉此以明道也。聖賢之書，排比之密且當，前賢如朱子者確有論述，然必謂篇篇如此，段段如此，或容有不然者。《總目》謂『所説内篇爲詳』，是也。雱注之詳略，非但有内外篇詳略之不同，且於人之所略、其義明白之處，仍條分縷析，詳爲解説，此雖有注釋之規則成法，然雱之性情亦有以使然也。雱雖『不屑屑詮釋文句』，然其所釋莊子制名寓言之義，如『常季』『齧缺』『王倪』『日中始』等，出人不意，要言不

煩，往往皆有可觀，可謂能掇其要者也。

王雱天資聰穎，才學出群，前人多持不以人廢言之論，是也。觀其書，非但文辭清净可觀，其説理亦多通透見性之論。此書所引之典籍，賅遍三教，混融爲一。三教合一，乃王雱注老、莊之大旨。道家固所不論，儒、釋二者之中又有分别焉，蓋以釋爲輔，以儒爲主也。而儒家之中，又以《孟子》爲主，蓋孟子討論心性處多於孔子也。如《人間世》篇，雱之所引，如『眸子眊焉』『夜氣自存』『揠苗而助長』皆源於《孟子》，而『夜氣自存』又見於其所注《大宗師》之篇，即此一端，已可見其大概矣。

雱之論孟子，顯而易見也，其論孔子，亦有微旨焉。莊周著書立説，常以孔子及其門弟子現身説法，絀儒教而尊真人，寓言如此而已，然雱於儒、道之間，屢屢爲之補苴縫合，以證成孔子實乃聖人之説，與莊周之本意似已偏離，可謂借彼文本，倡爲己説也。以雱之聰明，非不知此直爲寓言也，然其緣飾儒術，增己光輝，實無謂也。雱乃積極入世者，與老莊倏然出世者本不相同，見於此書者，屢有『經世』二字，又多『處天下之至難』之語。其注《應帝王》又有『時變之异』『無爲、有爲，均是至妙，任之各以時也』之語，論『有

爲』之妙，藉此以掩飾其入世之思慮也。審乎此，則知其身游『方内』而冀乎神游『方外』者，是内有其心志而外不能泯其迹者也，故借孔子以爲説。

王雱此書，宋代書志無有著録，蓋其成書倉促且時人亦不重之也。據晁公武《郡齋讀書志》卷三上，《南華真經》有十卷本，雱或據此注爲二十卷，抑或後人重刊時析爲二十卷也。此書因難得而可貴，據正統道藏本前之序言：『王元澤待制《莊子》，舊無完解，其見傳於世者，止數千言而已。元豐中，始得完本於西蜀陳襄氏之家。』王氏及新黨諸人如吕惠卿者，所釋諸子經傳，多零星不全，而雱之此書，可謂大體完備，於考察王氏父子之思想、新學之風尚及與時政之關聯，其價值彌足珍貴，無需贅言。是書影印正統本，見於《道藏》本洞神部玉訣類。此外又有明抄本、四庫本可參校。明抄本前有二序，内容與正統《道藏》本同，卷次分合亦同，蓋所出同源也。正文行十七字，注文行十六字。

《金陵全書》收録的《南華真經新傳》以南京圖書館藏明正統《道藏》本洞神部玉訣類爲底本影印出版。原書横長一〇八毫米，縱高一一五毫米，現擴爲横長一三三毫米，縱高一四二毫米。

韓　元

洞神部

玉訣類

惡上

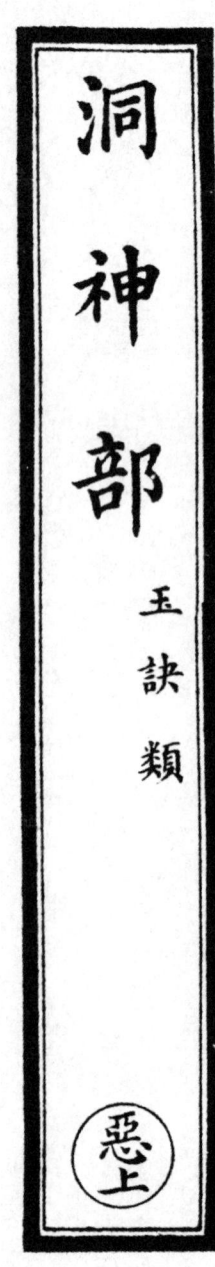

南華真經新傳卷之一

志一

南華真經新傳卷之二

志二

南華真經新傳卷之三

志三

南華真經新傳卷四之五

志四

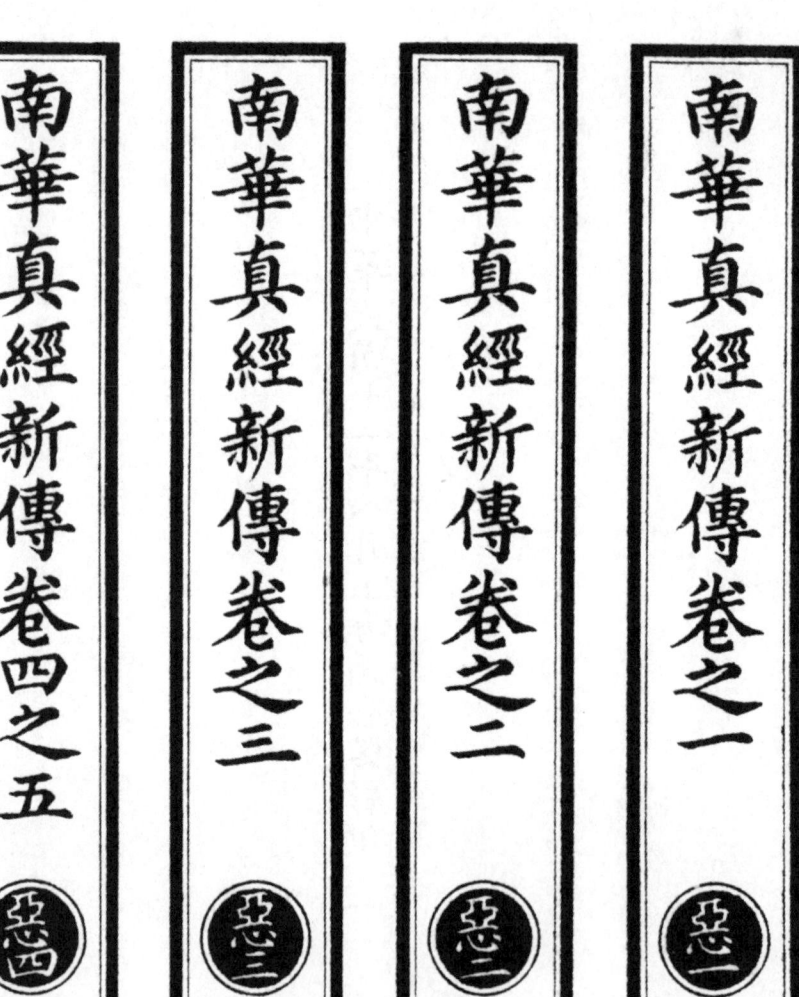

中華民國十三年八月上海涵芬樓影印

南華眞經新傳序

王元澤待制莊子舊無完解其見傳於世者止數千言而已元豐中始得完本於西蜀陳襄氏之家其間意義淵深言辭典約向之無說者悉皆全備焉予是時銳意科舉思欲獨善遂藏篋笥蓋有歲年前一日賓友謂予曰方今朝廷復以經術造士欲使天下皆知性命道德之所歸而莊子之書實載斯道而王氏又嘗發明奧義深解妙旨計其爲書豈無意於傳示天下後世哉今予既得王氏之說

序　第一

反以秘而不傳則使莊氏之旨終亦晦而不顯也與其獨善於一身曷若共傳於天下與示後世乎予敬聞其說乃以其書親加校對以授於崔氏之書肆使命工刊行焉丙子歲季冬望日序

卷一　一

世之讀莊子之書者不知莊子爲書之意而反以爲虛怪高闊之論豈知莊子患拘近之士不知道之始終而故爲書而言道之盡矣夫道不可盡也而莊子盡之非得已焉者也蓋亦矯當時之枉而歸之於正

故不得不高其言而盡於道道之盡則入於妙豈淺見之士得知之宜乎見非其書也吾甚傷不知莊子之意故因其書而解焉

序第二

南華眞經新傳卷之一

宋　王　元　澤　傳

内篇

逍遥遊篇

北冥有魚其名爲鯤鯤之大不知其幾千里也化而爲鳥其名爲鵬鵬之背不知其幾千里也怒而飛其翼若垂天之雲是鳥也海運則將徙於南冥南冥者天池也

夫道無方也無物也寂然冥運而無形器之累惟至人體之而無我無我則無心無

心則不物於物而放於自得之場而遊乎
混茫之庭其所以爲逍遥也至于鯤鵬潛
則在於北飛則徙於南上以九萬息以六
月蜩鷽則飛不過榆枋而不至則控于地
此皆有方有物也有方有物則造化之所
制陰陽之所拘不免形器之累豈得謂之
逍遥乎郭象謂物任其性事稱其能各當
其任逍遥一也是知物之外守而未爲知
莊子言逍遥之趣也
齊諧者志怪者也

南華真經新傳

莊子之言同彼我一小大也故同彼我者不得不齊一小大者不得不和此所以製齊諧之名也夫齊者齊其所不齊諧者諧其所不諧鯤鵬爲大而斥鴳爲小鯤鵬矜大之在我而小之在彼斥鴳悲小之在我而大之在彼則不齊不諧也惟能達觀則均爲物爾均爲物則安有彼我小大之殊乎此所以極於齊諧也故曰齊諧然鯤鵬非有而寓言之故曰志怪也

諧之言曰鵬之徙於南冥也水擊三千里摶

扶搖而上者九萬里去以六月息者也

鵬雖大也飛不出乎九萬息必以乎六月拘於陰陽之數而非所以爲逍遥也

野馬也塵埃也生物之以息相吹也

鵬之飛也必待於野馬塵埃之相吹也無野馬塵埃則大翼不能舉此所以明物雖大必有待而後行非自然而然也雖大不能免於累

天之蒼蒼其正色邪其遠而無所至極邪其視下也亦若是則已矣且夫水之積也不厚

則負大舟也無力覆杯水於坳堂之上則芥爲之舟置杯焉則膠水淺而舟大也風之積也不厚則其負大翼也無力故九萬里則風斯在下矣而後乃今培風背負青天而莫之夭閼者而後乃今將圖南蜩與鷽鳩笑之曰我決起而飛搶榆枋時則不至而控於地而已矣奚以之九萬里而南爲適莽蒼者三餐而反腹猶果然適百里者宿舂糧適千里者三月聚糧

適遠者聚糧多適近者聚糧少此自然之

理也故鯤鵬之大則飛必九萬里蜩鷽之小則飛不過榆枋亦自然之理也但能明其至理而不以多少小大爲累則亦自足也

之二蟲又何知小知不及大知小年不及大年奚以知其然也朝菌不知晦朔蟪蛄不知春秋此小年也楚之南有冥靈者以五百歲爲春五百歲爲秋上古有大椿者以八千歲爲春八千歲爲秋而彭祖乃今以久特聞衆人匹之不亦悲乎

天下之人物小知不及大知小年不及大年故朝菌不如蟪蛄冥靈不如大椿殤子不如彭祖明矣然由其無小無大不生不死之理而觀之則均爲有形之累焉有不及不如於其間乎非天下之達觀者孰能與於此

湯之問棘也是已窮髮之北有冥海者天池有魚焉其廣數千里未有知其脩者其名爲鯤有鳥焉其名爲鵬背若泰山翼若垂天之雲摶扶揺羊角而上者九萬里絶雲氣負青

天然後圖南且適南冥也斥鷃笑之曰彼且奚適也我騰躍而上不過數仞而下翱翔蓬蒿之間此亦飛之至也而彼且奚適也此小大之辯也

鯤鵬之圖南斥鷃笑之斥鷃之騰躍自以爲足矣此小大之不同也故曰此小大之辯也然鯤鵬斥鷃各有其體所以不逍遥爾夫逍遥者豈復離乎本體哉但能各冥其極均爲逍遥累乎其體則均爲困苦故逍遥之與困苦特在其了與不了之間爾

故夫知效一官行比一鄉德合一君而徵一國者其自視也亦若此矣而宋榮子猶然笑之

道之於物無所復分人之由道宜各自足故一官一鄉一君一國之殊能忘小大之分而自適亦足以免其累也宋榮子豈可笑乎然榮子之笑之者笑其有所分别也

且舉世而譽之而不加勸舉世而非之而不加沮定乎內外之分辯乎榮辱之竟斯巳矣彼其於世未數數然也雖然猶有未樹也

舉世譽之而不加勸舉世非之而不加沮者此淮南所謂自信不爲訕譽遷也夫自信者重内而輕外自榮而忘辱不失本心而汎然逍遥矣故曰定乎内外之分辯乎榮辱之境斯巳矣斯巳矣者盡性之言也盡性則人道畢而未至命故曰有未樹

夫列子御風而行泠然善也旬有五日而後反彼於致福者未數數然也此雖免乎行猶有所待者也

鯤之化爲鵬也憑野馬塵埃而舉列子之

爲至人也御風而後行此皆有所待也有所待則其於逍遥也未盡乎幽妙

若夫乘天地之正而御六氣之辯以遊無窮者彼且惡乎待哉

夫乘天地之正而御六氣之辯以遊無窮者此聖人之所能也夫聖人盡道之無入神之妙與物不迁惟變所適其所往則不疾而速其所來則不行而至圓通周流無所滯礙了然逍遥而豈有所待故曰彼且嗚呼待哉此莊子之所謂逍遥而佛氏之

所謂身徧法界自非聖智之所達孰可與於此矣

故曰至人無己神人無功聖人無名

至人知道內冥諸心汎然自得而不累於物故曰無己神人盡道無有所屈成遂萬物而妙用深藏故曰無功聖人體道寂寞無爲神化蕩蕩而了不可測故曰無名

堯讓天下於許由

老子曰功成身退天之道也堯以既治而讓天下於許由所謂得天之道也得天之

道則與天爲徒矣

曰日月出矣而爝火不息其於光也不亦難乎時雨降矣而猶浸灌其於澤也不亦勞乎

夫子立而天下治而我猶尸之

大而化之之謂聖聖而不可知之之謂神聖則吉凶與民同患而神則不與聖人同憂堯之初治天下也則天之大而化於民其憂樂與天下共所謂有爲之時也及其化極而至于變則鼓舞萬物而不知其所然所謂無爲之時也無爲出於有爲而無

爲之至則入神矣夫聖人之功待神以立而功既極神則固宜全神此堯之所以讓天下也夫功既極神而不能反則神之所以虧矣此堯之所以有爝火浸灌之喻也

吾自視缺然請致天下

老子曰大成若缺大成者不自成也故若缺堯之自視缺然者所謂不自成也

許由曰子治天下天下既已治也而我猶代子吾將爲名乎名者實之賓也吾將爲賓乎

許由古之無爲者夫既無爲則豈有心於

天下此所以不代於堯也夫有爲無爲均是至妙無所分别如必以有爲爲少而無爲爲至則失其所以無爲而名實交起賓主相分大道判矣故許由所以辭之以賓主之説也

鷦鷯巢於深林不過一枝偃鼠飲河不過滿腹

鷦鷯巢林不過一枝偃鼠飲河不過滿腹斯皆能任其極各爲至當此明有爲雖小但能無累乎心則亦天下之至妙不必羨

無爲之大也以此而觀許由豈有心於天下乎

歸休乎君予無所用天下爲

聖人之功待神以立功極於神則不與聖人同憂不與聖人同憂則豈以天下而爲事故曰歸休乎君無所用天下爲

庖人雖不治庖尸祝不越樽俎而代之矣

物各有分分各有守庖人以宰割爲功而尸祝以清淨爲職是各極於分守也庖人或不治庖而尸祝豈敢越職而代之代之

則亂其分守也分守亂則豈免於累乎故堯極於神而許由豈敢越分而代之代之則不免於累也不免於累則不足爲逍遥此許由所以以庖祝而自況也

肩吾問於連叔曰吾聞言於接輿大而無當往而不反吾驚怖其言猶河漢而無極也大有徑庭不近人情焉連叔曰其言謂何哉曰藐姑射之山有神人居焉肌膚若冰雪綽約若處子不食五穀吸風飲露乘雲氣御飛龍而遊乎四海之外其神凝使物不疵癘而年

穀熟吾以是狂而不信也連叔曰然瞽者無以與乎文章之觀聾者無以與乎鐘鼓之聲豈唯形骸有聾盲哉夫知亦有之是其言也猶時女也之人也之德也將磅礴萬物以為一世蘄乎亂孰弊弊焉以天下為事之人也物莫之傷大浸稽天而不溺大旱金石流土山焦而不熱是其塵垢粃糠將猶陶鑄堯舜者也孰肯以物為事

肩吾者任我也連叔者不通不行而非物之長者也接輿者緜緜若存而又有所容

者也此莊子寄言於三人而以明道之極致也故道至於此則不可以言言不可識識而又非世俗之所能知也姑射在北海之中此歸根之意也汾水在中國之東北此復命之意也乘雲氣取其虛御飛龍取其變遊四海之外取不入於形器時女取應而不倡此皆所以明道之極致也夫道極致則妙妙則神神則無為而已故堯極于無為而忘天下是以讓於許由也故曰往見四子而窅然喪天下此莊子寓言道

之盡而非淺見之士可得而知也

宋人資章甫而適諸越越人斷髮文身無所用之堯治天下之民平海內之政往見四子藐姑射之山汾水之陽窅然喪其天下焉

堯之所以君天下而無心於天下由宋人資章甫而適諸越而越人斷髮文身無所用而已

惠子謂莊子曰魏王貽我大瓠之種我樹之成而實五石以盛水漿其堅不能自舉也剖之以爲瓢則瓠落無所容非不呺然大也吾

爲其無用而掊之莊子曰夫子固拙於用大
矣
物各有體體各有用用適其材則爲妙用
矣故惠子得大瓠而爲無用是拙於適材
之妙用矣拙於適材之妙用者由心之未
能直達也故曰夫子由有蓬之心也夫
宋人有善爲不龜手之藥者世世以洴澼絖
爲事客聞之請買其方百金聚族而謀曰我
世世爲洴澼絖不過數金今一朝而鬻技百
金請與之客得之以說吳王越有難吳王使

之將冬與越人水戰大敗越人裂地而封之能不龜手一也或以封或不免於洴澼絖則所用之異也今子有五石之瓠何不慮以爲大樽而浮乎江湖而憂其瓠落無所容則夫子猶有蓬之心也夫

不龜手之藥或用而爲洴澼絖或用而得裂地之封此明物雖一而用適其材則各有所當而免疑累此窮理盡性之意也

惠子謂莊子曰吾有大樹人謂之樗其大本擁腫而不中繩墨其小枝卷曲而不中規矩

立之塗匠者不顧今子之言大而無用衆所同去也莊子曰獨不見狸狌乎卑身而伏以候敖者東西跳梁不避高下中於機辟死於罔罟今夫斄牛其大若垂天之雲此能為大矣而不能執鼠今子有大樹患其無用何不樹之於無何有之鄉廣莫之野彷徨乎無為其側逍遥乎寢卧其下不夭斤斧物無害者無所可用安所困苦哉

夫道無小大所以為小大之本體無所用所以為衆用之祖惟聖人全性命之根本

而體道以爲用故以大樗況之也樗者深其根而枝葉生命者固其本而萬事起惟能深根固本而不以小大內外爲累則逍遥矣無何有之鄉言虛無廣莫之野言所大狸狌犛牛言用之不同而均有於困苦彷徨言其動寢臥言其靜不夭斤斧物而無害者言不與物迕而物莫能傷此莊子言逍遥之極致而處之於篇終也

南華眞經新傳卷之一

南華真經新傳卷之二　　悉二

宋　王　元　澤　傳

齊物篇

萬物受陰陽而生我亦受陰陽而生賦象雖殊而所生同根惟能知其同根則無我無我則無物無物則無累此莊子所以有齊物之篇也

南郭子綦隱几而坐仰天而噓嗒焉似喪其耦顔成子游立侍乎前曰何居乎形固可使如槁木而心固可使如死灰乎

聖人體道而無我無我則無對於天下此南郭子綦似喪其耦也夫耦匹也物莫不有匹而惟道神妙而無匹無匹則歸于一致而忘彼我此物之所以齊也故形可使如槁木心可使如死灰

今之隱几者非昔之隱几者也

今之隱几非昔之隱几者此梵志所謂吾由昔人非昔人者是也

子綦曰偃不亦善乎而問之也今者吾喪我汝知之乎

生者天地之委和也有生俱受委和也惟子綦能知其所然故絶累忘形而以吾喪我物我所以俱齊也世之眛者不知所然以爲形質差殊小大異極所以有彼我小大之辨而所以不免於累也

汝聞人籟而未聞地籟汝聞地籟而未聞天籟夫子游曰敢問其方子綦曰夫大塊噫氣其名爲風是唯無作作則萬竅怒號而獨不聞之翏翏乎山林之畏佳大木百圍之竅穴似鼻似口似耳似枅似圈似臼似洼者似汚

者激者謞者叱者吸者叫者譹者宎者咬者
前者唱于而隨者唱喁泠風則小和飄風則
大和厲風濟則衆竅為虛而獨不見之調調
之刀刀乎子游曰地籟則衆竅是已人籟則
比竹是已敢問天籟子綦曰夫吹萬不同而
使其自已也咸其自取怒者其誰邪
天籟地籟人籟者衆竅之所以不同也衆
竅不同而同受風以成聲萬物雖異而同
委氣以成體竅為風之所鳴而物為化之
所役所遇雖殊而同歸一致此物我不得

不齊也然風不能鳴無竅而化不能役無物能脫形骸之累而忘妄想之情了然明達而吾非我有則入于神妙而造化不能拘之矣

大知閑閑小知閒閒大言炎炎小言詹詹其寐也魂交其覺也形開與接爲構日以心鬭縵者窖者密者小恐惴惴大恐縵縵其發若機栝其司是非之謂也其留如詛盟其守勝之謂也其殺如秋冬以言其日消也其溺之所爲之不可使復之也其厭也如緘以言其

老洫也近死之心莫使復陽也喜怒哀樂慮歎變慹姚佚啓態

大知小知大言小言大恐小恐其寐其覺此皆有形之累也夫有形則爲化之所役役於化則所以有動止之異此所以未免於累也安若無形而使化不能役使乎非

神不能與於此

樂出虛蒸成菌

聲隱於無聲形隱於無形此造化之自然也及其鳴而然後成於聲比而然後成於

形故曰樂出虛蒸成菌也
日夜相代乎前而莫知其所萌
晝往則夜繼夜往則晝承相代相更而莫有其極此道之妙用而天下莫能知其初故曰日夜相代乎前而莫知其所萌
已乎已乎旦暮得此其所由以生乎非彼無我非我無所取是亦近矣而不知其所爲使
旦暮自然而然眞宰亦自然而然我亦自然而然也然非眞宰則我不生非我則眞宰無所著我即眞宰之所使日用焉而不

自悟豈有所分别乎此見齊之之意也故曰已乎已乎旦暮得此其所由以生乎非彼無我非我無所取是亦近矣而不知其所爲使

若有眞宰而特不得其眹

眞宰者至道之妙宰制造化者也以其自然故曰眞以其造制故曰宰其爲物也不在乎陰陽之内亦不在乎陰陽之外可以神會而不可以象求故曰若有而不得其眹也

可行已信而不見其形有情而無形

不疾而速生物而著不可見其眹兆者眞宰也故曰可行已信而不可見其形可以意了而不可以象求故曰有情而無形

百骸九竅六臟賅而存焉吾誰與爲親汝皆說之乎其有私焉

手足耳目心膂肺腸其不同也如此我備而有之以爲我我能無我則非有一而可親矣若有可親則不能備而私矣適足喪其眞也故曰百骸九竅六臟賅而存焉吾

誰與有親汝皆悅之乎其有私焉
如是皆有爲臣妾乎其臣妾不足以相治乎
其遞相爲君臣乎其有眞君存焉如求得其
情與不得無益損乎其眞
眞宰者有爲也眞君者無爲也臣妾上下
之分也上下雖殊而一之以眞君故曰其
有眞君存焉人之生也莫不皆有眞君焉
故役役背馳而不能自悟是以反喪其眞
焉如能求而得之而知其眞君之固有則
所以無虧於眞矣故曰如求得其情與不

南華真經新傳

得無損益乎其眞

一受其成形不亡以待盡與物相刃相靡其行盡如馳而莫知能止不亦悲乎

造物者之造物其變無窮而偶爲我爾人不自明而遂爲有我有我則物於物而與物相靡刃役役困苦而不得休息焉此眞君之所以不存矣眞君之不存則不亦悲乎此莊子之所以悲也

終身役役而不見其成功薾然疲役而不知其所歸可不哀邪人謂之不死奚益其形化

○其心與之然可不謂大哀乎
天下之人不知物我同根而不能齊故外役於物而内喪其眞質雖存而形神已亡尚不知其所止矣不亦哀乎此莊子之所以哀也然莊子前言悲而此言哀者悲未至於哀而哀有甚於悲言哀而繼以人謂不死奚益之句此其所可哀也故言哀於後夫形者天之委氣心者人之眞君心内而形外形萬變而無常心定而不滅此達者之所以如是世之迷者役心於形而喪

南華真經新傳

其真此所以尤可哀也故曰不謂大哀乎人之生也固若是芒乎其我獨芒而人亦有不芒者乎

芒者昧也人之生也受形於真宰而豈曰無知惟不能自悟而愈迷愈惑所以入於無知也豈天下之人一如此乎亦有達觀者在其間爾故曰人之生也固若是芒乎其我獨芒而人亦有不芒者乎

夫隨其成心而師之誰獨且無師乎奚必知代而心自取者有之愚者與有焉

心者人之眞君也人能不喪其眞君所以謂之成心也成心既存而自師之則與道冥會而與神默契不必知陰陽代謝而然後謂之得道也愚者不能知有眞君而存之徒務役形而求道此其所以自惑也故

惡二 六

終身求之而不知也

未成乎心而有是非是今日適越而昔至也

聖人固其成心而無是無非下文所謂以是非爲環得其中者是也衆人喪其成心而有是有非此之所謂今日適越而昔至

是也

是以無有爲有無有爲有雖有神禹且不能知吾獨且奈何哉

神禹之行水行其所無事也行其所無事者心無所惑也令人不能存其成心而惑是非禹尚不能知之也我獨何以強知乎故曰神禹且不能知吾獨且奈何哉

夫言非吹也言者有言其所言者特未定也果有言邪其未嘗有言邪其以爲異於鷇音亦有辯乎其無辯乎道惡乎隱而有眞僞言

惡乎隱而有是非道惡乎往而不存言惡乎存而不可道隱於小成言隱於榮華故有儒墨之是非以是其所非而非其所是欲是其所非而非其所是則莫若以明物無非彼物無非是自彼則不見自知則知之故曰彼出於是是亦因彼彼是方生之說也雖然方生方死方死方生方可方不可方不可方可因是因非因非因是

無新成者大道也無浮華者至言也然而有眞僞是非者由道隱於小成而言隱於

榮華也道隱於小成則不全言隱於榮華則不實是以有儒墨之是非而所以不齊也

是以聖人不由而照之于天亦因是也

聖人内㝠諸心而不由是非之塗而任其自然而然是以無是無非也故曰聖人不由而照之于天亦因是也

是亦彼也彼亦是也彼亦一是非此亦一是非果且有彼是乎哉果且無彼是乎哉彼是莫得其偶謂之道樞

大道同宗是非一氣忘彼與我則舉忘其對所以運轉而無窮也故曰彼是莫得其偶謂之道樞

樞始得其環中以應無窮是亦一無窮非亦一無窮也故曰莫若以明以指喻指之非指不若以非指喻指之非指也以馬喻馬之非馬不若以非馬喻馬之非馬也天地一指也萬物一馬也

彼指此指彼馬此馬其不同者形而其所同者質安得有所不齊乎天地雖異而同

出於道萬物雖殊而亦出於道但天地殊高下之形萬物異小大之體其所出同於本而已安得有所不齊也故曰天地一指萬物一馬然莊子以天地而喻一指以萬物而喻一馬者以天地靜而得道之體而萬物動而得道之用也

可乎可不可乎不可道行之而成物謂之而然惡乎然然於然惡乎不然不然於不然物固有所然物固有所可無物不然無物不可故爲是舉莛與楹厲與西施恢恑憰怪道通

爲一

大道無可與不可無然與不然無成與不成無美與不美渾然爲一而莫不由之然而人不知道而妄情所見然後有可與不可有然與不然有成與不成有美與不美所以自致疑累矣此莊子所以明達者能通而爲一也

其分也成也其成也毀也凡物無成與毀復通爲一唯達者知通爲一爲是不用而寓諸庸庸也者用也用也者通也通也者得也適

得而幾矣因是已已而不知其然謂之道
不偏見不滯礙曉然洞徹而冥於至理者
此莊子之所謂達者也雖然不廢萬物之
成毀而但寄之常用而不自有故曰寓諸
庸也庸則濟天下之用而無所往而不通

矣無所往不通則所以為得道故曰通也
者得也適得而幾矣幾者近而未至也
勞神明為一而不知其同也謂之朝三何謂
朝三曰狙公賦茅曰朝三而暮四衆狙皆怒
曰然則朝四而暮三衆狙皆悅名實未虧而

喜怒爲用亦因是也

朝四而暮三何異朝三而暮四衆狙妄情而喜怒於其間其所以爲惑也天下之人妄情何異衆狙乎此所以不免於惑也

是以聖人和之以是非而休乎天鈞

聖人忘是非任自然萬法一視而無高下此所以能齊物也故曰聖人和之以是非休乎天鈞是之謂兩行

是之謂兩行古之人其知有所至矣惡乎至有以爲未始有物者至矣盡矣不可以加矣

南華真經新傳

其次以爲有封焉而未始有是非也是非之彰也道之所以虧也道之所以虧愛之所以成果且有成與虧乎哉果且無成與虧乎哉有成與虧故昭氏之鼓琴也無成與虧故昭氏之不鼓琴

有是非則道所以虧無是非則道所以全此莊子所以寓言昭氏鼓琴不鼓琴也

昭文之鼓琴也師曠之枝策也惠子之據梧也三子之知幾乎皆其盛者也故載之末年唯其好之也以異於彼其好之也欲以明之

彼非所明而明之故以堅白之昧終而其子又以文之綸終終身無成若是而可謂成乎雖我亦成也若是而不可謂成乎物與我無成也

昭文之鼓琴師曠之枝策惠子之據梧三子者不知大道之無形大音之希聲但冥於至理則然後方得何必勞形極慮而求之歟此所以終身無成也

是故滑疑之耀聖人之所圖也爲是不用而寓諸庸此之謂以明

滑疑者㝠中惑亂而不果也㝠中惑亂而不果則徒衒明於外而耀衆矣此非窮理盡性之人也惟聖人不棄而寓諸用以大覺覺之而明也故曰滑疑之耀聖人之所圖也爲是不用而寓諸庸此之謂以明也

今且有言於此不知其與是類乎其與是不類乎類與不類相與爲類則與彼無以異矣雖然請嘗言之有始也者有未始有始也者有未始有夫未始有始也者有有也者有無也者有未始有無也者有未始有夫未始有

無也者俄而有無矣而未知有無之果孰有孰無也今我則已有謂矣而未知吾所謂之其果有謂乎其果無謂乎天下莫大於秋毫之末而太山為小莫壽乎殤子而彭祖為夭天地與我並生而萬物與我為一既已為一

矣且得有言乎既已謂之一矣且得無言乎秋毫太山殤子彭祖天地萬物俱為有形也有形則可以忘形而齊諸也夫知道者不死而不生故天地與之並生也無方而無體萬物與之為一也物既與之為一矣

所以不必有言也故曰既爲一矣且得有言乎

一與言爲二二與一爲三自此以往巧歷不能得而况其凡乎故自無適有以至於三而况自有適有乎無適焉因是已

有言則有對故一與言所以爲二也二與一相對則所以生於萬物也此道之所以散也

夫道未始有封言未始有常爲是而有畛也

請言其畛有左有右有倫有義有分有辯有

競有爭此之謂八德六合之外聖人存而不論六合之內聖人論而不議春秋經世先王之志聖人議而不辯故分也者有不分也辯也者有不辯也曰何事也聖人懷之衆人辯之以相示也故曰辯也者有不見也

大道渾然而無方至言寂然而無辯道散而然後有分域言出而然後有是非惟聖人明其物之性分而不議不辯所以能冥其極也故曰六合之外聖人存而不論六合之內聖人論而不議春秋經世聖人議

而不辯也

夫大道不稱大辯不言大仁不仁大廉不嗛大勇不忮道昭而不道言辯而不及仁常而不成廉清而不信勇忮而不成五者园而幾向方矣故知止其所不知至矣

大道寂然難可强名故曰不稱大辯默識不假分別故曰不言大仁博愛無所偏係故曰不仁大廉無外不加不損故曰不嗛大勇本仁豈有殺害故曰不忮大道自明則非道矣故曰道昭而不道言辯則是非

有彰矣故曰言辯而不及仁於一物則仁虧矣故曰仁常而不成廉而揚清則爲詐矣故曰廉清而不信勇而好殺則勇虧矣故曰勇忮而不成五者挫其銳則幾近於妙術故曰五者园而幾向方矣

孰知不言之辯不道之道若有能知此之謂天府

不言之辯大辯也不道之道大道也大辯無物不容而大道無物不由故曰天府天府者物之所藏也

注焉而不滿酌焉而不竭而不知其所由來此之謂葆光

注焉而不滿酌焉而不竭者此孟子所謂不加不損而佛氏所謂不增不減是也夫莊子有言葆光有言天光何也以至人之性廓然無邊而愈久愈明故曰葆光以至人德宇泰然一定而其明自然故曰天光也葆者以其愈久而天者以其自然

故昔者堯問於舜曰我欲伐宗膾胥敖南面而不釋然其故何也舜曰夫三子者猶存乎

蓬艾之間若不釋然何哉昔者十日並出萬物皆照而況德之進乎日者乎

聖人無我而物無不順儻有不順則不得不伐此老子所以有用兵有言之章而莊子所以有堯伐宗膾胥敖之言也夫無我者與物齊也物不我齊則不諧矣不諧而聖心豈得自安歟此堯之所以南面而不釋然也

齧缺問乎王倪曰子知物之所同是乎曰吾惡乎知之子知子之所不知邪曰吾惡乎知

之然則物無知邪曰吾惡乎知之雖然嘗試言之庸詎知吾所謂知之非不知邪庸詎知吾所謂不知之非知邪

齧缺者道之不全也王倪者道之端也莊子欲明道全與不全而與端本所以寓言於二子也夫子知物之所同是者此明齊一之理而故以此言而爲問端也雖然嘗試言之者蓋不得已而言之言之非欲辯也萬物同根皆自知矣以知爲知則非知矣以不知爲知則深知矣齧缺問於知之

者是以知為知而反不知矣
且吾嘗試問乎汝民溼寢則腰疾偏死鰌然
乎哉木處則惴慄恂懼猨猴然乎哉三者孰
知正處民食芻豢麋鹿食薦蝍且甘帶鴟鴉
耆鼠四者孰知正味猨猵狙以為雌麋與鹿

交鰌與魚游毛嬙麗姬人之所美也魚見之
深入鳥見之高飛麋鹿見之決驟四者孰知
天下之正色哉
正處者不待處處而然後為處正味者不
待味味而然後為味也正色者不待色色

而然後爲色也此皆以無爲是矣
自我觀之仁義之端是非之塗樊然殽亂吾
惡能知其辯
大道全則無仁義大智隱則無是非道廢
而然後有仁義智顯而然後有是非故王
倪得道之全而不用智以此見仁義之端
是非之塗樊然殽亂矣
齧缺曰子不知利害則至人固不知利害乎
王倪曰至人神矣大澤焚而不能熱河漢沍
而不能寒疾雷破山風振海而不能驚若然

者乘雲氣騎日月而遊乎四海之外死生無變於已而況利害之端乎

至人無己與物爲一而物莫敢犯故水火不能傷寒暑不能挫風雷不能動是以躡空虛御陰陽出於形器之外而始終不易

其守也憂樂豈足累其心故曰大澤焚而不能熱河漢沍而不能寒疾雷破山風振海而不能驚若然者乘雲氣騎日月而游乎四海之外死生無變於己而況利害之端乎

瞿鵲子問乎長梧子曰吾聞諸夫子聖人不從事於務不就利不違害不喜求不緣道無謂有謂有謂無謂而遊乎塵垢之外夫子以爲孟浪之言而我以爲妙道之行也吾子以爲奚若長梧子曰是黃帝之所聽熒也而丘也何足以知之且女亦大早計見卵而求時夜見彈而求鴞炙予嘗爲女妄言之女以妄聽之奚旁日月挾宇宙爲其脗合置其滑涽以隷相尊

聖人體道恬然無爲動不役物而處不避

患萬物皆備於己而不樂外求至道與之爲一而豈假緣行無能爲有有能爲無居于清淨之極而汚穢不能染矣故曰聖人不從事於務不就利不違害不喜求不緣道無謂有謂有謂無謂而游乎塵垢之外旁日月者所謂一晝夜也挾宇宙者所謂齊遠近也

衆人役役聖人愚芚

衆人有我物於物而爲物所役故曰役役聖人無我不物物而與物爲一故曰愚鈍

參萬歲而一成純萬物盡然而以是相蘊予惡乎知說生之非惑邪予惡乎知惡死之非弱喪而不知歸者邪麗之姬艾封人之子也晉國之始得之也涕泣沾襟及其至於王所與王同筐牀食芻豢而後悔其泣也予惡乎知夫死者不悔其始之蘄生乎夢飲酒者旦而哭泣夢哭泣者旦而田獵方其夢也不知其夢也夢之中又沾其夢焉覺而後知其夢也且有大覺而後知此其大夢也而愚者自以爲覺竊竊然知之君子乎牧乎固哉丘也

○與女皆夢也予謂女夢亦夢也是其言也其○
名爲弔詭萬世之後而一遇大聖知其解者
是旦暮遇之也既使我與若辯矣若勝我我
不若勝若果是也我果非也邪我勝若若不
吾勝我果是也而果非也邪其或是也其或
非也邪其俱是也其俱非也邪我與若不能
相知也則人固受其黮闇吾誰使正之使同
乎若者正之既與若同矣惡能正之使同乎
我者正之既同乎我矣惡能正之使異乎我
與若者正之既異乎我與若矣惡能正之使

同乎我與若者正之既同乎我與若矣惡能
正之然則我與若與人俱不能相知也而待
彼也邪何謂和之以天倪曰是不是然不然
是若果是也則是之異乎不是也亦無辯然
若果然也則然之異乎不然也亦無辯化聲
惡二 十七
之相待若其不相待和之以天倪因之以曼
衍所以窮年也忘年忘義振於無竟故寓諸
無竟罔兩問景曰曩子行今子止曩子坐今
子起何其無特操與景曰吾有待而然者邪
吾所待又有待而然者邪吾待蛇蚹蜩翼邪

惡識所以然惡識所以不然昔者莊周夢爲胡蝶栩栩然胡蝶也自喻適志與不知周也俄然覺則蘧蘧然周也不知周之夢爲胡蝶與胡蝶之夢爲周與周與胡蝶則必有分矣此之謂物化

參萬歲而一成純者此言齊之之妙也夫莊子齊物之篇始之以無彼我同是非合成毀一多少齊小大而已及其言之至則次之以參年歲一生死同夢覺千變萬化而歸于一致所謂明達而無礙者也夫物

之不齊物之所同然也莊子能明其本而齊同之是覺天下之未覺也然而物我齊之則可也至于夢覺則何以同之歟夫晝之所爲與夜之所夢一也然晝以覺夜以寐而小有不同也積久而思則晝所爲夜

所夢茫然無所分别矣莊子能知其大同而同之故反復言其方夢占夢大覺大夢之妙而所以盡其齊之之意又恐世之未能信其言也復寓言其身夢爲胡蝶又言其不知周之夢爲胡蝶胡蝶之夢爲周所

南華真經新傳

以極盡其齊同之意而以覺於天下非達觀者豈能知莊子之所言矣

南華真經新傳卷之二

惡二

南華真經新傳卷之三　　卷三

宋　王　元　澤　傳

養生主篇

夫齊物者必無我無我者必無生無生所以為養生之主而生之所以存此莊子作養生主之篇而次之於齊物也

吾生也有涯而知也無涯以有涯隨無涯殆已已而為知者殆而已矣

生者天之委和也天地之委和於人素定其分而不過其極故曰吾生也有涯役於

富貴悅於榮寵思慮交萌而妄情無限故曰智也無涯以有涯之生而隨無涯之智則生之所以不存矣生之所以不存則安足以免困苦之累歟故曰殆已

爲善無近名爲惡無近刑緣督以爲經可以保身可以全生可以養親可以盡年

善養生者內寘其極而任其自然忘善與惡則所以遠於刑名矣不善養生者思慮內萌而以善爲善以惡爲惡所以近於刑名矣遠刑名則生所以全近刑名則生所

以喪緣督以爲經所謂道中庸也夫至人之養生不役物不喪真不擇地不害性而已故不役物則可以保身不喪真則可以全生不擇地則可以事親不害性則可以盡年此皆存諸己而已

庖丁爲文惠君解牛手之所觸肩之所倚足之所履膝之所踦砉然嚮然奏刀騞然莫不中音合於桑林之舞乃中經首之會文惠君曰譆善哉技蓋至此乎庖丁釋刀對曰臣之所好者道也進乎技矣始臣之解牛之時所

南華真經新傳

見無非牛者三年之後未嘗見全牛也方今
之時臣以神遇而不以目視官知止而神欲
行依乎天理批大郤導大窾因其固然技經
肯綮之未嘗而況大軱乎良庖歲更刀割也
族庖月更刀折也今臣之刀十九年矣所解

數千牛矣而刀刃若新發於硎彼節者有閒
而刀刃者無厚以無厚入有閒恢恢乎其於
遊刃必有餘地矣是以十九年而刀刃若新
發於硎雖然每至於族吾見其難爲怵然爲
戒視爲止行爲遲動刀甚微謋然已解如土

委地提刀而立爲之四顧爲之躊躇滿志善刀而藏之文惠君曰善哉吾聞庖丁之言得養生焉

夫生必有理而理出於性命之際能順其理則舉知其全生之妙此庖丁之解牛能依牛之天理而所以舉不見其全牛也然庖丁寓言養生於解牛必言其三年而又言其十九年者蓋言陰陽之數雖更而生之所以愈全也故曰未嘗見全牛又曰刀刃若新發於硎夫庖丁之能解牛者以其

善刀故也善刀者全其刀之利韜藏而不衒也故曰善刀而藏之所以況養生者必全其生之之理而歸之老子所謂全而歸之是也文惠君遂悟庖丁之言而知養生所謂庶幾於道也

公文軒見右師而驚曰是何人也惡乎介也天與其人與曰天也非人也天之生是使獨也人之貌有與也以是知其天也非人也

生者本也形者枝也本固而枝缺則亦可以為全此右師雖介而生所以全公文軒

徒驚其形也
澤雉十步一啄百步一飲不蘄畜乎樊中神
雖王不善也
雉飲啄於野澤則忘形而樂生畜乎樊中
則養形而傷生樂生則神所以全養形則
生所以喪生之喪則未免乎憂累故曰不
善也
老聃死秦失弔之三號而出弟子曰非夫子
之友邪曰然然則弔焉若此可乎曰然始也
吾以為其人也而今非也向吾入而弔焉有

老者哭之如哭其子少者哭之如哭其母彼其所會之必有不蘄言而言不蘄哭而哭者是遁天倍情忘其所受古者謂之遁天之刑

至人以生之爲暫來以死之爲暫往生不喜其成而死不悲其毀然老聃死而秦失弔之而三號者非所以衰其毀而蓋不能獨異於衆也

適來夫子時也適去夫子順也

夫至人忘情全眞汎然自得生死利害未嘗介蔕於胷中故適來則爲時適去而能

順時不為之樂而順不為之哀此生之所
以生生而無喪也

安時而處順哀樂不能入也古者謂是帝之
縣解

天者命也命之所受於人不可逃遁而已

逃其命則累其生適自致於憂患矣故曰
遁天之刑也帝亦命也命無係著則憂患
不能累其生故曰帝之縣解也養生者必
達乎二者之妙矣

指窮於為薪火傳也不知其盡也

以薪繼薪則火不能滅知生養生則生不能絕不滅則火所以傳不絕則生所以久所以無時而盡也故曰不知其盡也夫莊子之言養生始乎有涯而終乎不盡者以性命受之有分而能不累於榮辱利害則生之所以不喪而無極矣所以終於不盡也非明達者孰與於此乎

人間世篇

善養生者必自得於性命之際而無思無爲也無思無爲則足以處人間應世變而

憂患不足以累之此莊子作人間世之篇
而次之於養生也

顔回見仲尼請行曰奚之曰將之衛曰奚爲
焉曰回聞衛君其年壯其行獨輕用其國而
不見其過輕用民死死者以國量乎澤若蕉
民其無如矣回嘗聞之夫子曰治國去之亂
國就之醫門多疾願以所聞思其則庶幾其
國有瘳乎仲尼曰譆若殆往而刑耳

天下之事變不一非經世者不足與之應
對酬酢矣夫經世者本無我無我則無思

無爲而患禍不能及之矣故仲尼者無我也無我則已見無對於當天下之至變處天下之至難則寂然不動而無纖毫之累顏回者克己也克己則未至於無我當衛君之輕用其國民則介然自動而欲以所間說之而幾不免於累夫仲尼之無我則無思無爲也顏回之克己則有思有爲也有思卒至於無思有爲卒至於無爲此顏回終至於未始有回也未始有回者亦無我也此二人足以爲萬世法莊子所以首

於此篇而稱之也

夫道不欲雜雜則多多則擾擾則憂憂而不救

道集於虛而生於一一者道之妙本矣夫能抱一則足以為天下式故曰道不欲雜不能抱一則支離而百端故曰雜則多惑於百端則心不自止故曰多則擾心不自止則未免於憂累故曰擾則憂未能自免於憂累則豈能去他人之憂累乎故曰憂而不救此皆有思有為之致也

古之至人先存諸已而後存諸人所存於已者未定何暇至於暴人之所行且若亦知夫德之所蕩而知之所爲出乎哉德蕩乎名知出乎爭名也者相軋也知也者爭之器也二者凶器非所以盡行也

惡三 六

聖人無名所以無爲無智所以無得無爲則物莫不歸無得則物莫與競常人好名用智而所以有爲有得也有爲則物不相服有得則物必與競故曰名也者相軋也智也者爭之器也

且得厚信矼未達人氣名聞不爭未達人心而彊以仁義繩墨之言術暴人之前者是以人惡有美也命之曰菑人菑人者人必反菑之若殆爲人菑夫且苟爲悅賢而惡不肖惡用而求有以異若唯無詔王公必將乘人而鬪其捷而目將熒之而色將平之口將營之容將形之心且成之是以火救火以水救水名之曰益多順始無窮若殆以不信厚言必死於暴人之前矣

目將熒之者所謂眩于眊焉是也色將平

之者所謂色赦赦焉是也口將營之者所謂騰口之説是也容將形之者所謂以爲容悦是也心且成之者所謂役心從物是也此皆不存諸己之累矣

且昔者桀殺關龍逢紂殺王子比干是皆脩其身以下傴拊人之民以下拂其上者也故其君因其脩以擠之是好名者也昔者堯攻叢枝胥敖禹攻有扈國爲虛厲身爲刑戮其用兵不止其求實無已是皆求名實者也而獨不聞之乎名實者聖人之所不能勝也而

況若乎

名實者虛器也聖人豈有心而求之歟故寂然無爲而聲迹俱泯凶患不可及之矣此堯禹之所以能處天下也昧者不知其然而深求於名實名實雖立而凶患繼至此叢枝有扈之所以自喪其國也故曰是皆求名實者也夫聖人之忘名實名實忘而所以無我於天下萬物豈能累我乎使聖人不忘於名實則名實立而有我於天下萬物交至而爲累聖人豈能勝之歟故

曰名實者聖人之所不能勝也而況若乎雖然若必有以也嘗以語我來顏回曰端而虛勉而一則可乎曰惡惡可夫以陽爲充孔揚采色不定常人之所不違因案人之所感以求容與其心名之曰日漸之德不成而況大德乎將執而不化外合而内不訾其庸詎可乎

端而虛勉而一此内外雖正而由有内外之別夫有内外者必有諸身有諸身則未免於患老子曰吾有大患爲吾有身此顏

回未能忘我也故仲尼告之以其庸詎可乎

然則我內直而外曲成而上比內直者與天爲徒與天爲徒者知天子之與己皆天之所子而獨以己言蘄乎而人善之蘄乎而人不善之邪若然者人謂之童子是之謂與天爲徒外曲者與人之爲徒也擎跽曲拳人臣之禮也人皆爲之吾敢不爲邪爲人之所爲者人亦無疵焉是之謂與人爲徒成而上比者與古爲徒其言雖教讁之實也古之有也非

吾有也若然者雖有不爲病是之謂與古爲徒若是則可乎仲尼曰惡惡可大多政法而不諜雖固亦無罪雖然止是耳矣夫胡可以及化猶師心者也

内直外曲成而上比者雖與天人上古爲徒而未得爲無身也未得爲無身者未得爲無我也此仲尼由答之以烏可夫至人外無我而内無心體合太虛而不可得有故能使萬物俱化矣若與天人上古爲徒則未合於太虛烏能使萬物自化乎故曰

胡可以及化故無心於物則物莫不從有心於化則化未必及顏回欲化衛君也尚爲有心而已矣故仲尼告之以猶師心者也

顏回曰吾無以進矣敢問其方仲尼曰齋吾將語若有而爲之其易邪易之者皞天不宜顏回曰回之家貧唯不飲酒不茹葷者數月矣若此則可以爲齋乎曰是祭祀之齋非心齋也回曰敢問心齋仲尼曰若一志無聽之以耳而聽之以心無聽之以心而聽之以氣

○聽止於耳心止於符

志一則心鑑定而思慮澄廓然空虛而至道自集也故曰一志夫中既空虛而道集非由外知而由於內得也故曰無聽之耳而聽之心心既得之則然後以氣而得之也故曰無聽之以心而聽之以氣知此則至道集于己而推其緒餘而可化於人矣然至道不可以情求必先精其聰聽矣故曰聽止於耳耳者體也體既得之則合於心心既得之則合於氣故曰氣止於符

南華真經新傳

氣也者虛而待物者也唯道集虛虛者心齋也顔回曰回之未始得使實自回也得使之也未始有回也可謂虛乎夫子曰盡矣

齋者易所謂齋戒以神明其德是也夫齋則將以有思而戒則將以有爲孔子將使顔回受其說故使之心齋而已矣故曰虛者心齋也然虛者一也齋者靜也一則足以應萬變靜則足以制羣動如此則可以化人矣夫心齋本於無我無心也此顔回悟心齋之言而遂忘於己也故曰未始有

回也未始有回則亦可以經世矣

吾語若若能入遊其樊而無感其名入則鳴不入則止

得至虛之妙者雖處於天地之間而泯然絕於聲聞也故曰若能入遊其樊而無感其名夫無感其名則沖寂也物來則然後應不來則不自動譬由人籟受氣則鳴氣止則息也故曰入則鳴不入則止

無門無毒

無門者善閉也無毒者不治也善閉所以

南華真經新傳

藏用不治所以顯仁此任其自然而然也

一宅而寓於不得已則幾矣

體全至虛抱一自處無心於物而物來則應不得已而然後起至道所謂盡之矣故曰一宅而寓於不得已則幾矣

絶迹易無行地難

泯然無爲高世而絶迹則聖人所以爲易也超然有爲經世而無患則聖人所以爲難也故曰絶迹易無行地難

爲人使易以僞爲天使難以僞

人者使然也天者自然也使然可以欺而自然不可詐故曰爲人使易以僞爲天使難以爲

聞以有翼飛者矣未聞以無翼飛者也聞以有知知者矣未聞以無知知者也瞻彼闋者

虛室生白吉祥止止

室虛則所以自白心虛則所以自靜靜則定而性命之情不動矣然後吉祥所以來舍也故曰瞻彼闋者虛室生白吉祥止止

夫且不止是之謂坐馳

心不虛則不止不止則不定不定則所以徧法界役萬物而不能息形雖坐而心實馳也故曰夫且不止是謂坐馳

夫徇耳目內通而外於心知鬼神將來舍而況人乎

耳目外也心智內也惟能忘我則超然自得耳目非必在外而心智非必在內體與化合而理與神契況人間焉有不化乎故曰夫徇耳目內通而外於心知鬼神將來舍而況人乎

是萬物之化也禹舜之所紐也伏戲几蘧之所行終而況散焉者乎

體合至虛則可以使萬物之化故曰是萬物之化也禹舜有爲之名羲蘧無爲之至有爲無爲均是至妙道至此而渾合而不解散聖人終始於其間也夫道合則渾而至妙離則散而猶精得其渾則足以任之自化得其散則亦可使之入化矣故曰禹舜之所紐也伏羲几蘧之所行終而況散焉者乎

葉公子高將使於齊問於仲尼曰王使諸梁也甚重齊之待使者蓋將甚敬而不急匹夫猶未可動也而況諸侯乎吾甚慄之子嘗語諸梁也曰凡事若小若大寡不道以懽成事若不成則必有人道之患事若成則必有陰陽之患若成若不成而後無患者唯有德者能之吾食也執粗而不臧爨無欲清之人今吾朝受命而夕飲冰我其內熱與吾未至乎事之情而既有陰陽之患矣事若不成必有人道之患是兩也爲人臣者不足以任之子

其有以語我來

經世之道必先於忘身而其次在信命故忘身則至於無我而信命則任其自然如此則憂患不足以累之此莊子於人間世之篇首言顏回之化衛而次言葉公子高之使齊也夫子高之使齊而仲尼告之以義命此賢人之事而已所以降於顏回而言之至于顏闔之傅衛太子匠石之見齊櫟社子綦觀商丘之大木此皆有思有爲之事也故第降一等而言之人間世之說

無以復加矣此莊子爲言盡道如此矣
仲尼曰天下有大戒二其一命也其一義也
子之愛親命也不可解於心臣之事君義也
無適而非君也無所逃於天地之間是之謂
大戒

有天地然後有父子有父子然後有君臣
父子君臣之道立則萬事起萬事起而不
可以不慎故曰大戒夫父子內也君臣外
也內焉者主於命而外焉者主於義命所
以無間而義所以立我無間則不間於親

立我則能立於君親不可違而故曰不可解於心君不可避而故曰無適而非君也夫內事父而外事君是有諸身而已有諸身必有諸事不可適去而已矣故曰不可逃於天地之間此事之自然而惟能順其自然則免於憂累矣

是以夫事其親者不擇地而安之孝之至也事其君者不擇事而安之忠之盛也

不擇地而安之者所謂安土也不擇事而安之者所謂不辭難也安土故能愛不辭

難故能誠愛必孝而誠必忠臣子之道盡於此故曰孝之至忠之盛也至者次於盛而盛者廣於至

自事其心者哀樂不易施乎前知其不可奈何而安之若命德之至也

夫子之事父知其有命臣之事君知其有義守之於心而順其自然則悲喜不足以動也故曰自事其心者哀樂不易施於前夫哀樂者心本無有而惟外物之所致能守其心而忘於哀樂則達於義命之極而

死生所以安之也故曰德之至也

爲人臣子者固有所不得已行事之情而忘何暇至於悅生而惡死夫子其行可矣

臣子之事君親能安於命則忘身忘身則生死不介於胷中故曰何暇至於悅生而惡死也

惡三 十四

丘請復以所聞凡交近則必相靡以信遠則必忠之以言言必或傳之夫傳兩喜兩怒之言天下之難者也

喜出於不喜怒出於不怒則其言所以盡

誠也喜出於喜而怒出於怒則其言所以非誠也盡誠之言有法度而非誠之言多過溢過溢之言傳之者非易也故曰傳兩喜兩怒之言天下之至難也

夫兩喜必多溢美之言兩怒必多溢惡之言凡溢之類也妄妄則其信之也莫莫則傳言者殃故法言曰傳其常情無傳其溢言其幾乎全且以巧鬬力者始乎陽常卒乎陰泰至則多奇巧以禮飲酒者始乎治常卒乎亂泰至多奇樂

以巧闘力卒乎陰以禮飲酒卒乎亂是皆已甚之事也故曰泰至則多奇巧多奇樂此聖賢不為而已矣

凡事亦然始乎諒常卒乎鄙其作始也簡其將畢也必巨言者風波也行者實喪也夫風波易以動實喪易以危

惡三　十五

孔子曰予欲無言聖人豈欲強言乎蓋無言者物不能攖而有言者物所以應應則所以不靜矣故曰言者風波也無所行則迹所以藏有所行則迹所以顯迹顯於外

而真亡於内矣故曰行者實喪也夫不靜則至于動真亡則難以安故曰風波易以動實喪易以危

故忿設無由巧言偏辭獸死不擇音氣息茀然於是並生心厲

夫處心於寂然無事之際則和聲内藴而夜氣自存達於性命之理而動靜正順矣若蹴之於紛然憂患之際則天真茀亂而夜氣不存違於性命之理而舉措乖迕矣故曰獸死不擇音氣息茀然於是並生心

厲

尅核太至則必有不肖之心應之而不知其然也苟爲不知其然也孰知其所終

夫至人藏天眞晦心術不期爲而自爲不必應而自應靜與物同而動與吉會儻術聰明務精察用心太過則舉措有不肖之累而禍患之來不知其所招而又不知其終極也故曰尅核太至則必有不肖之心應之而不知其然也苟爲不知其然也孰知其所終

南華真經新傳

故法言曰無遷令無勸成過度益也

人臣之道顧於義而已奉君之令則無攺格君之非而無成故曰無遷令無勸成然既不遷令勸成而不能任其自然而違理以益上則所謂揠苗而助長也故曰過度益也

遷令勸成殆事美成在久惡成不及攺可不慎歟

美者充實惡者自戕充實自戕皆所以無虧也故曰美成在久惡成不及攺充實非

一朝之所致故言在久自戕不可革而已故言不及改有美有惡則不若無美無惡也故曰可不慎歟

且夫乘物以遊心託不得已以養中至矣何作爲報也莫若爲致命此其難者

至人無心乘萬物以爲心來去無礙而不居其一所謂遊心者也既乘物以爲心則無爲而已矣若其有爲則非得已而有爲是不得已而後應也然不得已而後應又能去其已甚而存于中所以全於道也故

田米萬物以爲心託不得已以養中至矣
爲臣如此則盡道矣此千 高賢而仲尼終
告之以至人之道也
顔闔將傅衛靈公太子而問於蘧伯玉曰有
人於此其德天殺與之爲無方則危吾國與
卷三
十七
之爲有方則危吾身其知道足以知人之過
而不知其所以過若然者吾柰之何
天生賢智所以輔于不賢不智矣賢智者
衒其賢智則不賢不智者起而爲累矣惟
能內冥賢智而外與物同則亦足免當世

之患此顏闔之傳衛太子而蘧伯玉告之以信理晦黙之義故次於子高之事而言之也

蘧伯玉曰善哉問乎戒之慎之正汝身哉

孟子曰枉已者未有能正人者也夫欲正於人者必先正於己已正而人亦自正此蘧伯玉答顏闔之問而先之以正汝身也

形莫若就心莫若和雖然之二者有患就不欲入和不欲出

形者天之委質也心者人之真君也委質

不可不全故曰形莫就若眞君不可不和故曰心莫若和形全者不可曲從於一物心和者不可攄發而示外故曰就不欲入和不欲出

形就而入且爲顚爲滅爲崩爲蹶心和而出且爲聲爲名爲妖爲孽彼旦爲嬰兒亦與之爲嬰兒彼且爲無町畦亦與之爲無町畦彼且爲無崖亦與之爲無崖達之入於無疵

夫君子外順而内正不務獨異於人矣故趍時應變而與物無迕蓋能通達其道而

不立小廉以自高要之以無玷爲美也故

曰達之人於無疵

汝不知夫螳蜋乎怒其臂以當車轍不知其不勝任也是其才之美者也戒之愼之積伐而美者以犯之幾矣汝不知夫養虎者乎不敢以生物與之爲其殺之之怒也不敢以全物與之爲其決之之怒也時其飢飽達其怒心虎之與人異類而媚養己者順也故其殺者逆也

螳蜋以臂當車轍才雖美而不勝其敵也

猛虎不敢害於養已者性雖惡而不敢犯其順也顔闔之傳衛太子太子之從於顔闔何異螳蜋猛虎歟此伯玉所以引之而告也

夫愛馬者以筐盛矢以蜃盛溺適有蚉僕緣而拊之不時則缺銜毀首碎胷意有所至而愛有所亡可不慎邪

仁人之愛物不失於愛而曲全其愛物有近理則率而使順而終不忘其所愛矣豈務過愛而反傷其愛乎傷愛則以人而滅

天也故曰意有所至愛有所忘可不慎邪
匠石之齊至乎曲轅見櫟社樹其大蔽牛絜
之百圍其高臨山十仞而後有枝其可以為
舟者旁十數觀者如市匠伯不顧遂行不輟
弟子厭觀之走及匠石曰自吾執斧斤以隨
惡三
十九
夫子未嘗見材如此其美也先生不肯視行
不輟何邪曰已矣勿言之矣散木也以為舟
則沉以為棺槨則速腐以為器則速毀以為
門戶則液樠以為柱則蠹是不材之木也無
所可用故能若是之壽匠石歸櫟社見夢曰

南華真經新傳

汝將惡乎比予哉若將比予於文木邪夫樝
梨橘柚果蓏之屬實熟則剝則辱大枝折小
枝泄此以其能苦其生者也故不終其天年
而中道夭自掊擊於世俗者也物莫不若是
且予求無所可用久矣幾死乃今得之爲予
大用使予也而有用且得有此大也邪且也
若與予也皆物也奈何哉其相物也而幾死
之散人又惡知散木匠石覺而診其夢弟子
曰趣取無用則爲社何邪曰密若無言彼亦
直寄焉以爲不知已者詬厲也不爲社者且

幾有翦乎且也彼其所保與衆異而以義譽之不亦遠乎

物之生長則所以爲得性翦伐則所以爲失性得性則爲榮失性則爲辱榮必有所譽而辱必有所毁齊之大櫟豈欲於失性之中而復求榮譽乎此所以不欲爲社明矣而匠石之弟子尚疑焉此明至人之於世以道任性忘己齊物而毁譽所以不及矣

南伯子綦遊乎商之丘見大木焉有異結駟

南華真經新傳

千乘隱將芘其所藾子綦曰此何木也哉此必有異材夫仰而視其細枝則拳曲而不可以爲棟梁俯而視其大根則軸解而不可以爲棺槨咶其葉則口爛而爲傷嗅之則使人狂酲三日而不已子綦曰此果不材之木也

惡三

二十

以至於此其大也嗟乎神人以此不材宋有荆氏者宜楸柏桑其拱把而上者求狙猴之杙者斬之三圍四圍求高名之麗者斬之七圍八圍貴人富商之家求禪傍者斬之故未終其天年而中道之夭於斧斤此材之患也

夫至人能存諸已而不斬乎用存諸已者足而其用所以有餘蓋至於命者是也命者萬事之根本而莫大焉故莊子每以大樹而爲況樹之爲用用則傷其根本而不用則枝葉以生故以不材爲材而無用爲用事能全而不傷也老子曰深根固蔕之道蓋亦言其命也而南伯子綦見商丘之大木而嗟嘆其神人之不材此亦知其全命之道歟使神人以材而見用則不能全其命也何異宋氏之楸柏桑乎夫宋氏之

楸柏桑之先夭以其小有材而已故小有材而不能明道以至於命則適自爲累而已矣故曰此材之患也

故解之以牛之白顙者與豚之亢鼻者與人有痔病者不可以適河此皆巫祝以知之矣

所以爲不祥也此乃神人之所以爲大祥也牛之白顙豚之亢鼻此物之所以不材也人之痔病此人之所以不材也巫祝皆爲不祥而不用不用所以生全也生全所以得終其天年得終其天年則祥莫大焉故

曰此神人之所以爲大祥也然莊子之言及此者蓋以處人間者不能晦道以忘已而多務衒材以誇衆衆雖企慕而反傷其命矣豈若晦道以忘已藏材以全命而免經世之患乎此所以反復言之而寓意也

支離疏者頤隱於齊肩高於頂會撮指天五管在上兩髀爲脅挫鍼治繲足以餬口鼓筴播精足以食十人上徵武士則支離攘臂於其間上有大役則支離以有常疾不受功上與病者粟則受三鍾與十束薪夫支離其形

者猶足以養其身終其天年又況支離其德者乎

支離疏者形不正之人也形不正於外而實自正於內足可以全其命也故曰由足以終其天年然支離其形則尚能全其命況支離其德而歸功於羣材外不衒其美而內不衒其實又豈不能全命而免人間之累乎故曰又況其支離其德者乎

孔子適楚楚狂接輿遊其門曰鳳兮鳳兮何如德之衰也來世不可待往世不可追也天

下有道聖人成焉天下無道聖人生焉方今之時僅免刑焉

大聖人與世推移而不凝滯於物物亦莫能傷之矣孔子之心未嘗以經世爲事其所以推而行之者直隨時而已故時之可行則成其功時之可止則全其生汎然無礙而盛衰不自以知覺此聖人之心如此也故接輿之歌所以寓聖人之心而莊子引之以終經世之道而亦自嘆其不得於時故曰方今之時僅免刑焉

福輕乎羽、莫之知載禍重乎地莫之知避

莊子之所謂禍福非世之所謂禍福也以能全性命者謂之福忘性命者謂之禍全性命者、其道微故曰福輕乎羽然以至微之道而不能自舉而行之故曰莫之知載也忘性命者其理著故曰禍重乎地然以至著之理而不能自知而避之故曰莫之避也此莊子所以嘆人間之人不能盡知全之之道也

已乎已乎臨人以德殆乎殆乎畫地而趍迷

陽迷陽無傷吾行吾行卻曲無傷吾足山木自寇也膏火自煎也桂可食故伐之漆可用故割之人皆知有用之用而莫知無用之用也

桂可食故伐之漆可用故割之此所謂小有材而不能自全而已矣工文所謂此材之患是也豈知聖人以不材為神而無用為妙乎知其不材明其無用則經世之道極盡矣此莊子所以終之於此言也

卷三 二十三

南華真經新傳卷之三 終

南華眞經新傳卷之四 五卷同

惡四

宋 王 元 澤 傳

德充符篇

夫處人間經世變免於憂患之累者是能全其性命也性命全則自得自得則德之所以充也德充於内而無待於外則不求合於物而物自來合此莊子所以作德充符之篇而次於人間世也

魯有兀者王駘從之遊者與仲尼相若常季問於仲尼曰王駘兀者也從之遊者與夫子

中分魯立不教坐不議虛而往實而歸固有不言之教無形而心成者邪是何人也仲尼曰夫子聖人也丘直後而未往耳丘將以為師而況不若丘者乎奚假魯國丘將引天下而與從之

聖人之所以為聖人者能內全其神而外忘其形泯然喪智而與化為一此王駘雖兀而猶全人也夫能忘形喪智與化為一則其所感者廣而所化者多宜乎從之者與仲尼之弟子相敵也

常季曰彼兀者也而王先生其與庸亦遠矣若然者其用心也獨若之何

常者習其庸常季者物之少稚以其庸常少稚而不足以知聖人故曰常季此莊子制名而寓意也然德之所以充實則美大具矣美大具而從之者衆所謂大而化之矣此仲尼所以稱之爲聖人也夫聖人非聖人不能以明之此莊子所以託問於仲尼

○仲尼曰死生亦大矣而不得與之變雖天地○

覆墜亦將不與之遺審乎無假而不與物遷命物之化而守其宗也

天下之事莫過於生死而生死者物之所變也惟聖人了於不生不死而未嘗與變俱變也故曰生死亦大矣而不得與之變夫了於不生不死則寂然忘形而與化爲一雖穹壤傾側而豈有遺喪故曰雖天地覆墜亦將不與之遺此言窮理之妙也至于審乎無假而不與物遷所謂盡性之奥也命物之化而守其宗所謂至於命也王

駘之形雖不全而能窮理盡性至於命此
德之所以充也
常季曰何謂也仲尼曰自其異者視之肝膽
楚越也自其同者視之萬物皆一也
物我殊形此所以異也物、我同根此所以
同也蔽於異而視之則形、質所以不同知
其同而視之則根本所以不異王駘能忘
支體之不完而達性命之本内全其眞而
外合萬物以爲一非德之所充則孰能至
於此故曰自其異者而視之肝膽楚越也

自其同者視之萬物皆一也

夫若然者且不知耳目之所宜而遊心乎德之和物視其所一而不見其所喪視喪其足猶遺土也

以耳而聽則聞其所聞而不及其所不聞以目而視則見其所見而不及其所不見此蔽於任智之累也惟聖人內充懿德而外出聰明所聽不以耳而所視不以目雖事物之紛擾而不比吾之所聞見惡有拘累於視聽歟故汎然遊心於自得之場而

和之所以不出也故曰夫若然者且不知耳目之所宜而遊心乎德之和夫德之充者與化一體天下見其化而忘其形知其得而遺其喪王駘雖兀而天下忘其所以兀也然非不見其兀也以其德之所充者大而形之不全者小是以悅其大如覩金玉而忘其小如遺土壤也故曰物視其所一而不見其所喪視喪其足猶遺土也

常季曰彼爲己以其知得其心以其心得其常心物何爲最之哉

夫聖人之所以悅萬物者以大化也萬物之就聖人者以其德也常季不知其然而以王駘任智得心而物就之是億度於聖人也

仲尼曰人莫鑑於流水而鑑於止水

水流則莫辨於鬚髮水止則可鑒於天地德忘則物所以不從德充則物所以来合此理勢之必然也故人之所鑒者必鑒於止水而物之所合者必合於盛德故物之所最於王駘者由止水之所以衆鑒也故

曰人莫鑑於流水而鑑於止水

唯止能止衆止

天下之性生而未嘗不靜靜則正正則定正定之性天下所同惟妄情所役外物所擾正之所以不正而定之所以不定也然

不正不定者以其內無所主也故內無則不止不止則不能止其所止也惟聖內以德爲主而外忘物所役故惟根所正定而止也以其所止而止天下衆人動則動之所以自止也故曰唯止能止

衆止此莊子傷時性之流放而所以寓
意仲尼之言也
受命於地唯松栢獨也在冬夏青青受
命於天唯舜獨也正幸能止生以正衆生夫
保始之徵不懼之實勇士一人雄入於九軍將
求名而能自要而猶若是
木受命於地人受命於天地非私於松栢
而使之獨青天非私舜而使之獨正蓋松
栢不變其至堅而大舜能守其正性故曰
受命於地唯松栢獨也在冬夏青青受命

於天唯舜獨也正夫天下之人不知舜能守其正而皆稱爲聖人豈自悟其幸生而正而自喪其正唯能知其本正而守之亦可正於衆人矣奚獨聖人歟故曰幸能正生以正衆生

而況官天地府萬物直寓六骸象耳目一知之所知而心未嘗死者乎彼且擇日 登假人則從是也彼且何肯以物爲事乎

夫聖人體道而無對於天下故天地雖大而歸於統任萬物雖衆而由之芘藏生死

不慮而形骸如寄視聽不用而耳目存象務知德之所充而能以不生爲生以不生爲生則適去在我此人之所以最之也豈以物而爲累乎故曰而況官天地府萬物直寓六骸象耳目一知之所知而心未嘗死者乎彼且擇日而登假人則從是也彼且何肯以物爲事乎此王駘所爲如此而莊子言之於篇首也

申徒嘉兀者也而與鄭子產同師於伯昏無人

南華真經新傳

申徒者教民之官也嘉者善之至也此莊子製名而寓意然申徒嘉者賢人也故次於王駘而言之嘉雖外兀而德内充德雖充而人未最此所以未免於師也故曰與鄭子産同師於伯昏無人夫伯者長也昏者晦也無人者無我也爲物之長能晦而無我所以得賢人師之也

子産謂申徒嘉曰我先出則子止子先出則我止其明日又與合堂同席而坐子産謂申徒嘉曰我先出則子止子先出則我止今我

將出子可以止乎其未邪

夫至人忘己而外與物同物雖不完而不能滊已是以下惠同物而袒裼裸裎者皆不能滊之蓋知内同其命而外可忘形矣子産鄭國之賢也不知申徒之德充而止惡形骸之不全欲其行止與之不同也此所以異於下惠矣

且子見執政而不違子齊執政乎

聖人之與賢人庶僚之與庶民其所異者分而其所同者命達者觀之則均爲人爾

均爲人則安可獨異乎此子產自矜執政而適取申徒之所鄙也

申徒嘉曰先生之門固有執政焉如此哉子而說子之執政而後人者也聞之曰鑑明則塵垢不止止則不明也久與賢人處則無過今子之所取大者先生也而猶出言若是不亦過乎子產曰子既若是矣猶與堯爭善計子之德不足以自反邪申徒嘉曰自狀其過以不當亡者衆不狀其過以不當存者寡知不可奈何而安之若命唯有德者能之

夫顏回之從孔子也始焉克己而終焉未始有回故黜聰明墮支體而未嘗貳過而已矣子產之從伯昏無人也不能克己而欲爲於物先又惡德充之人而致其過亦所以異於顏回也

遊於羿之彀中中央者中地也然而不中者命也人以其全足笑吾不全足者衆矣我怫然而怒而適先生之所則廢然而反不知先生之洗我以善邪吾與夫子遊十九年矣而未嘗知吾兀者也

孟子曰羿教人射必志于彀學者亦必志於彀彀者弓矢所及之地也天之生人也皆不出榮辱利害貴賤生死之塗其所以或榮或利或貴或生者由其發而中也其所以或辱或害或賤或死者由其發而不中也中與不中皆命也豈能越其自然之理歟惟聖人無我而無心於萬物故榮辱不能累利害不能加貴賤不能役了於不生不死而獨處於自得之場所謂至於命而已中與不中吾何預焉

今子與我遊於形骸之内而子索我於形骸之外不亦過乎子產蹵然改容更貌曰子無乃稱

恥形體之不全者常人也愧盛德之不充者聖賢也申徒嘉内務其全而外忘形子產不取其德之充而惡其形不完此所以太過而已矣故曰今子與我遊於形骸之内而子索我於形骸之外不亦過乎

魯有兀者叔山無趾踵見仲尼仲尼曰子不謹前既犯患若是矣雖今來何及矣無趾曰

南華真經新傳

吾唯不知務而輕用吾身吾是以亡足今吾來也猶有尊足者存吾是以務全之也叔者歟於伯仲也山者有形之最大也此亦莊子製名而寓意也以其次於申徒爲第三故曰叔而已以其亦有德之大故曰

山而已然而必曰見於仲尼者以非聖人不足知賢人也

夫天無不覆地無不載吾以夫子爲天地安知夫子之猶若是也孔子曰丘則陋矣

天地無心於萬物其覆載所以不私也聖

人無心於萬物其來者所以不拒也夫天地豈以物形之不具而不覆載聖人豈責人體之不宗而不與合故曰夫天無不覆地無不載吾以夫子為天地安知夫子之猶若是也孔子曰丘則陋矣然仲尼非果責其不謹也此莊子高言盡道之妙而學者宜取其意也

夫子胡不入乎請講以所聞無趾出孔子曰弟子勉之夫無趾兀者也猶務學以復補前行之惡而況全德之人乎無趾語老聃曰孔

丘之於至人其未邪彼何賓賓以學子為彼且蘄以諔詭幻怪之名聞不知至人之以是為己桎梏邪老聃曰胡不直使彼以死生為一條以可不可為一貫者解其桎梏其可乎無趾曰天刑之安可解

夫聖人內守其正性而外循其常德汎然無心而物不能累故生死可不可皆不介蔕於胸中豈有意而一之歟使聖人有意而一生死與可不可則是不忘其所當忘而忘其所不忘也如此則去常德適天刑

惡為聖人而已矣夫常德不可去天刑不可逭惟聖天人能全而不能忘故曰天刑安可解

魯哀公問於仲尼曰衛有惡人焉曰哀駘它丈夫與之處者思而不能去也婦人見之請於父母曰與為人妻寧為夫子妾者數十而未止也未嘗有聞其唱者也常和人而已矣無君人之位以濟乎人之死無聚祿以望人之腹又以惡駭天下和而不唱知不出乎四域且而雌雄合乎前是必有異乎人者也寡

人召而觀之果以惡駭天下與寡人處不至以月數而寡人有意乎其爲人也不至乎期年而寡人信之國無宰而寡人傳國焉悶然而後應氾而若辭寡人醜乎卒授之國無幾何也去寡人而行寡人卹焉若有亡也若無與樂是國也

哀駘它者醜惡之名也以其德充而形惡故製其醜惡之名矣夫形骸者委氣之所聚至人視之如旅寄而未嘗以好惡爲辯也惟務全其所當全充其所當充則形雖

惡而物自以爲最此哀駘它能使人心之
願從而魯哀亦授之以國也
是何人者也仲尼曰丘也嘗使於楚矣適見
豚子食於其死母者少焉眴若皆棄之而走
不見己焉爾不得類焉爾

天之生人也均委之氣而同受之命非有
私於聖賢而惡於凡常蓋聖賢能全其當
全正其所正故命之所以至而德之所以
充凡常不知其然而疑聖賢有異於人也
雖魯哀之國君不知哀駘之所充而以爲

有異乎人也是以問於仲尼焉

所愛其母者非愛其形也愛使其形者也

夫德之充者非求合於物而物自來合物

之所以來合者非愛其形而愛其德也故

曰愛使其形也

戰而死者其人之葬也不以翣資刖者之屨

無爲愛之皆無其本矣爲天子之諸御不爪

翦不穿耳取妻者止於外不得復使形全猶

足以爲爾而況全德之人乎今哀駘它未言

而信無功而親使人授己國惟恐其不受也

是必才全而德不形者也哀公曰何謂才全仲尼曰死生存亡窮達貧富賢與不肖毀譽飢渴寒暑是事之變命之行也日夜相代乎前而知不能規乎其始者也故不足以滑和不可入於靈府使之和豫通而不失於兑使日夜無郤而與物爲春是接而生時於心者也是之謂才全何謂德不形曰平者水停之盛也其可以爲法也内保之而外不蕩也德者成和之脩也德不形者物不能離也哀公異日以告閔子曰殆也吾以南面而君天下

南華真經新傳

執民之紀而憂其死吾自以爲至通矣今吾聞至人之言恐吾無其實輕用吾身而亡吾國吾語孔丘非君臣也德友而已矣

至人之所以爲至人者以其才全也才者性命之妙理惟至人能以不全而全之全之然後盡之也全盡於性命之理則死生存亡窮達貧富之變了然不以汨于中陰陽之更運宵晝之迭遷冥然不務度其始事變不足滑其和憂喜不足動其神豫然悅懌而日夜忘變之至故與物應對而復

感而遂通所謂才全而已矣故曰是之謂才全才全者性命之理不虧也性命之理既不虧則德之所以充也德之充者非有意於充如停水非有意於平也故曰平者水停之盛也夫德之充者物自以爲最而水之平者人取以爲法故曰其可以爲法也然德之充者內有其所守而外無其所放寂然無迹而物所以歸嚮故曰內保之而外不蕩又曰德不形者物不離也此至妙之理而非聖人不能以知之雖知不能

以言之故魯哀得聞而不敢臣於聖人也故曰吾與孔丘非君臣也德友而已矣

闉跂支離無脤說衛靈公靈公說之而視全人其脰肩肩甕㼜大癭說齊桓公桓公說之而視全人其脰肩肩故德有所長而形有所忘

闉跂者言其忘行支離者言其忘形無脤者言其忘智故忘行則所以無迹忘形則所以忘我忘智則所以無知無迹則泯然絕世無我則渾然同物無知則泊然無為

○故德之所以充也此莊子製名而寓意夫斯人也其形如此而其德有所長故説衛靈公則靈公悦之而忘其形説齊桓公則桓公亦悦而忘其形斯人也非有異於人也蓋能全其所當全忘其所當忘全忘之外雖有役性之物則不足爲其累也故曰甕㼜大癭又曰德有所長而形有所忘也人不忘其所忘而忘其所不忘此謂誠忘○夫形者天之所委也德者我之自得也蓋天之所委者一氣之暫聚我之自得者萬

物不能役豈可愛一氣之暫聚而忘萬物不能役之之妙乎惟至人內不忘其不當忘而外忘其所當忘故才全而所以德不形所謂誠忘而已矣故曰人不忘其所忘而忘其所不忘此之謂誠忘

故聖人有所遊而知爲孽約爲膠德爲接工爲商聖人不謀惡用知不斲惡用膠無喪惡用德不貨惡用商四者天鬻也天鬻也者天食也既受食於天又惡用人

故聖人有所遊者所謂乘物以遊心也乘

物以遊心則處於無爲之境而任其自然之理雖知約德工皆非我有而我惡用哉然我之惡用於四者皆天之所付於人而養於人我惡可廢廢則滅天而已矣既不可廢又不可益益則助天而已矣滅天則致累助天則反害如此則天人安得和同歟惟聖人不廢不益矣故曰既受食於天又惡用人

有人之形無人之情有人之形故羣於人無人之情故是非不得於身眇乎小哉所以屬

南華真經新傳

於人也謷乎大哉獨成其天

有人之形者所謂塊然同類也無人之情者所謂寂然無爲也同類所以能羣而不能異無爲所以無是而無非故曰有人之形無人之情有人之形故羣於人無人之情故是非不得於身故形雖眇而皆視以爲人德已充而不虧其全矣故曰眇乎小哉所以屬於人也謷乎大哉獨成其天此闉跂支離無脤之所長也

惠子謂莊子曰人故無情乎莊子曰然惠子

曰人而無情何以謂之人莊子曰道與之貌天與之形惡得不謂之人惠子曰既謂之人惡得無情莊子曰是非吾所謂情也吾所謂無情者言人之不以好惡内傷其身常因自然而不益生也惠子曰不益生何以有其身

惡四　十四

莊子曰道與之貌天與之形無以好惡内傷其身今子外乎子之神勞乎子之精倚樹而吟據槁梧而瞑天選子之形子以堅白鳴

夫情者性之害也人之生則貌出於道而形受於天皆正正而已矣惟情戕害其正

正而正正所以不正矣惠子不知其然而以爲人而無情何以謂之人故莊子答之以不以好惡傷其身又曰常因自然而不益生夫好惡生於情而害於身有好惡則以生爲不足而欲其過度而益也過度而益則外役於物役於物則用神神大用則疲疲則有所感感而不已則昏瞑而已矣如此則見役於造化而不能與萬物爲一所以惑於堅白同異也故曰今子外乎子之神勞乎子之精倚樹而吟據梧而瞑天

選子之形以堅白鳴夫聖人之所爲守其正正而全其當全不任智不用神廓然與造化同體而以萬物爲一安所措其情哉此惠子不知聖人之如此也夫莊子作德充之篇始之以王駘次之以申徒嘉

忌四 十五

又次之以叔山此三人者皆德充而形不完也故申徒不及王駘叔山不及申徒故第降一等而言之矣至于哀駘闉跂支離無脤者亦皆德充而形至惡也又第降一等而言之與人間世之篇次序相同矣夫不完

至惡者皆外也外雖如此而内充其德則物爲之冣而自求合也物自來合則是是萬物與我爲一也又何必措情於其間哉所以終於惠子之問情此莊子立言盡道如是也

南華真經新傳卷之四

卷四第十九

南華真經新傳

南華真經新傳卷之五

宋 王元澤 傳

大宗師篇

夫德之充者入於道道者天下莫不由之也雖天地之至大萬物之至多皆同歸而一致矣此莊子作大宗師之篇而所以次之於德充符也

知天之所爲知人之所爲者至矣

天人皆出於道而盡道者能知天人之所爲夫天之所爲者無爲也人之所爲者

卷五第一

爲也無爲則靜靜則復命有爲則動動
則有義能知義命之極則物之所宗師
也故曰至矣
知天之所爲者天而生也知人之所爲者以
其知之所知以養其知之所不知終其天

年而不中道天者是知之盛也雖然有患
夫知天人之所爲者以不知知之也以不
知知天則達於無爲之妙理而命之所以
至也以不知知人則盡於有爲之極致而
物之所以是不也命之至則其生自然物之

冣則與天爲徒然而人之所爲務知而不上則是任智而已任智則知之過甚矣故曰是知之盛也夫任智而過知則反傷生故曰雖然有患

夫知有所待而後當其所待者特未定也庸詎知吾所謂天之非人乎所謂人之非天乎

天者一氣之所凝人亦一氣之所聚莊子達觀而知天具一人知人具一天天人大同而無所分別矣故曰庸詎知吾所謂天之非人乎所謂人之非天乎

且有真人而後有真知何謂真人、古之真
人不逆寡不雄成不謩士若然者過而弗悔
當而不自得也若然者登高不慄入水不濡
入火不熱是知之登假於道也若此
與化為一直內而不假於物者真人也真
惡四　十七
者言乎其性也以其性之知如是其所知
則非出於人為之偽矣故曰且有真人而
後有真知真知者不知也然而真人之所以
為真人者持其順以待少守其雄而若缺
不謀不致而士自來合故曰不逆寡不雄

成不謩士眞人如此而安有於過歟且或有過則不以得失介于心不介于心則無心於物也無心於物則與物不迕而物亦莫能傷之矣故曰若然者過而弗悔當而不自得也若然者登高不慄入水不濡入火不熱夫如是非眞人有異於人盡以眞知而入道矣故曰是知之能登假於道也若此

古之眞人其寢不夢其覺無憂其食不其息深深

眞人絕累而忘情其寢所以不夢也樂天而知命其覺所以不憂也味其無味其食所以不甘也靜後於靜其息所以深深也眞人之息以踵衆人之息以喉屈服者其嗌言若哇其嗜欲深者其天機淺

踵者身之根也喉者導於氣也根根不可以卒動氣不可以久窒眞人之息以踵者蓋能歸根而靜也衆人之息以喉者由其窒氣之出也歸根而靜其息愈久窒塞氣之出其息不久愈久者由其忘於嗜慾也不能

南華真經新傳

乂者由其深於嗜慾也

古之真人不知說生不知惡死其出不訢其入不距翛然而往翛然而來而已矣不忘其所始不求其所終受而喜之忘而復之是之謂不以心捐道不以人助天是之謂真人若 忘四 十八

然者其心志其容寂其顙頯然淒然似秋煖然似春喜怒通四時與物有宜莫知其極

真人寓六骸象耳目安時處順而哀樂不能入故曰不知悅生不知惡死所往無不應無入不自得故曰其出不訢其入不距

倏然而往者遊於形器之外也倏然而来者不在形器之內也入道之妙而不忘其始與化冥合而不求其終故曰不忘其始如不求其所終自得而無揾故曰受而喜之忘己而復命故曰忘而復之如此則縱心之所得而不離道任物之自然而不過益其眞所以眞眞也故曰是之謂不以心捐道不以人助天是之謂眞人夫眞人之所以如此者其眞君寂然而無慮也其狀貌旣然而無動也其顙頯朴然而無飾也

南華真經新傳

不怒而威不仁而愛與四時所以合其序
處萬物無有其不當孰能測其終極乎
故曰若然者其心志其容寂其顙頯然
淒然似秋煖然似春喜怒通四時與物
有宜而莫知其極

惡四

十九

故聖人之用兵也亡國而不失人心利澤施
乎萬世不爲愛人故樂通物非聖人也有親
非仁也天時非賢也利害不通非君子也行
名失己非士也亡身不眞非役人也若狐不
偕務光伯夷叔齊箕子胥餘紀他申徒狄

是役人之役適人之適而不自適其適者也

夫眞人者以吾喪我以道從身不易內不徇外役物而不役於物適性而不適於性也若狐偕申徒狄之數子者不能喪我而又喪其眞不能徇道而又徇於時故役於物而不役於物適於性而不適性此所以不能立命也故曰是役人役適人之道而不自適其適也

古之真人其狀義而不朋若不足而不承與乎其觚而不堅也張乎其虛而不華也邴邴

乎其似喜乎崔乎其不已乎滀乎進我色也與乎止我德也厲乎其似世乎謷乎其未可制也連乎其似好閉也悗乎忘其言也以刑為體以禮為翼以知為時以德為循以刑為體者綽乎其殺也以禮為翼者所以行於世也以知為時者不得已於事也以德為循者言其與有足者至於丘也而人真以為勤行者也

刑者天刑也天刑者天之命也萬物皆有命而備於我所謂以刑為體也禮者履也

卷五第六

履得其道則不行而至所謂以禮爲翼也知者知也知不疑滯則與世推移所謂以知爲時也德者以自得於内則可見其所安行所謂以德爲循也夫物我之死暫性也吾何係吝於其間故曰以刑爲體者綽乎其殺也道無終始而我履而不息故曰以禮爲翼者所以行於世也與世推移而非有心於事故曰以知爲時者不得已於事也自得而安行雖有足者亦可行而升上故曰以德爲循者言其與有足者至

疑四

二十

於丘也此四者眞人非有意於行而人寔
謂之力行也故曰眞人以爲勤行者也
故其好之也一其弗好之也一其一也一其
不一也一其一與天爲徒其不一與人爲徒
眞人無心其好惡所以一也眞人抱一一
不一所以同也無心而一則任自然故曰
與天爲徒也抱一而同則或使然故曰與
人爲徒也
天與人不相勝也是之謂眞人死生命也其
有夜旦之常天也人之有所不得與皆物之

情也彼特以天爲父而身猶愛之而況其卓乎人特以有君爲愈乎已而身猶死之而況其眞乎泉涸魚相與處於陸相呴以濕相濡以沫不如相忘於江湖與其譽堯而非桀也不如兩忘而化其道

惡四 二十一

毀譽者世情之變聖人雖爲之應而心寔無有若夫遺世情而特以兼忘爲是者此莊子之所非而世之愚儒反以非莊子也

夫大塊載我以形勞我以生佚我以老息我以死故吾生者乃所以善吾死也

真人無佚老息死此特爲載形勞生言耳

南華真經新傳卷之五

卷五第八

南華真經新傳卷之六

忠五

南華真經新傳卷之七

忠六

南華真經新傳卷之八

忠七

南華真經新傳卷之九

忠八

南華真經新傳卷之十

忠九

中華民國十三年八月上海涵芬樓影印

南華真經新傳卷之六

宋　王　元　澤　傳

大宗師篇

夫藏舟於壑藏山於澤謂之固矣然而夜半有力者負之而走昧者不知也藏小大有宜猶有所遯若夫藏天下於天下而不得所遯是恒物之大情也

夫物之不遷是物之所以常性也物之必往是物之所以常變也性不可易變不可留此莊子所以有藏舟藏山之言也已夫

舟者取其汎然無定也山者取其確然不動也壑所以取其澤澤所以取其大舟無定而藏之於深山不動而藏之於大況其物不止而止之物不固而固之也物雖止固而豈免造化之變移乎所謂有力者負之而走也夫造化冥運故言夜半造化難察故言昧者此莊子歎世人之不智矣惟眞人與化同體與物爲一生死榮謝付之自然藏妙用於無迹運至道之常存故曰若夫藏天下於天下而得所遯是恒物之

南華真經新傳

大情也

特犯人之形而猶喜之若人之形者萬化而未始有極也其爲樂可勝計邪

生者未必不死死者未必不生終始往復而無有極盡故曰若人之形者萬化而未始有極也夫不生而生生此樂之所以無極也故曰其樂可勝計邪

故聖人將遊於物之所不得遯而皆存善夭善老善始善終人猶效之

夫萬物有始者必有終有成者必有毀斯

皆見役於造化而無所逃其迹狀也惟聖人入道以無我乘物以遊心陰陽不能移造化不能役未嘗有所不存矣故曰故聖人將遊於物之所不得遯而皆存

又況萬物之所係而一化之所待乎

天職生覆地職形載生覆者未必能形載而形載者未必能生成此萬物未為全歸也惟聖人成天地之功合萬物以為一此物之所以係而化之所以待宜乎獨為於宗師也故曰又況萬物之所係而一化之

南華真經新傳

所待乎
夫道有情有信無爲無形可傳而不可受可得而不可見自本自根未有天地自古以固存神鬼神帝生天生地在太極之先而不爲高在六極之下而不爲深先天地生而不爲久長於上古而不爲老狶韋氏得之以挈天地伏羲得之以襲氣母維斗得之終古不忒日月得之終古不息堪坏得之以襲崑崙馮夷得之以遊大川肩吾得之以處大山黃帝得之以登雲天顓頊得之以處玄宮禺強得

之立乎北極西王母得之坐乎少廣莫知其始莫知其終彭祖得之上及有虞下及五伯傅說得之以相武丁奄有天下乘東維騎箕尾而比於列星

夫道天下之至妙而無體無迹無乎不在也萬物莫不由之而以有情萬物由之而生而以有信寂然默運故無爲窈然眞空故無形可以神會而難以情求故曰可傳而不可受可以心得而難以理察故曰可得而不可見混成先天地而生故曰自本

自根未有天地亘絡萬世而綿綿常存故曰自古以固存然則道之如此而其妙所以無方也故鬼得之而靈帝得之而神天地由之而生而非因天地而有其高不可度而其深不可測無新成無衰弊而豨韋至傅說得其體用而以為天下正其名所以參列而長存也故曰比於列星

南伯子葵問乎女偊曰子之年長矣而色若孺子何也曰吾聞道矣南伯子葵曰道可得學邪曰惡惡可子非其人也夫不梁倚有聖

卷六第四

人之才而無聖人之道我有聖人之道而無聖人之才吾欲以教之庶幾其果爲聖人乎不然以聖人之道告聖人之才亦易矣吾猶守而告之三日而後能外天下已外天下矣吾又守之七日而後外物已外物矣吾又守之九日而後能外生已外生矣而後能朝徹朝徹而後能見獨見獨而後能無古今無古今而後能入於不死不生殺生者不死生生者不生其爲物無不將也無不迎也無不毀也無不成也其名爲攖寧攖寧也者攖而後

南華真經新傳

成者也南伯子葵曰子獨惡乎聞之曰聞諸副墨之子副墨之子聞諸洛誦之孫洛誦之孫聞之瞻明瞻明聞之聶許聶許聞之需役需役聞之於謳於謳聞之玄冥玄冥聞之參寥參寥聞之疑始

惡五 四

夫道者聖人之體也才者聖人之用也有體而無用未得爲之完有用而無體未得爲之至故有體有用則得道之全眞而無我也無我則無生故曰守之九日而外生無生則夜氣所以存故曰已外生矣而後

能朝徹夜氣存則見其所不見故曰朝徹
而後能見獨見其所不見則萬世一視故
曰見獨而後能無古今如此則了於不生
不死也故曰無古今而後能入於不生不
死夫道全若是則物於物而不物物其死
所以不死矣生於物而其生所以不生矣
故曰殺生者不死生生者不生物無不恃
而不見其迹故曰無不將也物無不逆而
不見其首故曰無不迎也物由之而彫謝
故曰無不毀也物得之而生成故曰無不

成也物係之而後安故曰其名爲攖寧係之然後著故曰攖寧也者攖而後成也此入道之次序非眞人不能與於此然自南伯子葵至於疑始之數子皆莊子製名而寓意也

惡五　五

子祀子輿子犁子來四人相與語曰孰能以無爲首以生爲脊以死爲尻孰知死生存亡之一體者吾與之友矣四人相視而笑莫逆於心遂相與爲友俄而子輿有病子祀往問之曰偉哉夫造物者將以予爲此拘拘也曲

僂發背上有五管頤隱於齊肩高於頂句贅指天陰陽之氣有沴其心間而無事跰䠲而鑑于井曰嗟乎夫造物者又將以予爲此拘拘也

夫至人者了於眞空之妙趣達於無爲之眞理萬物不可役其志造化不可拘其體以吾喪我而形骸豈足爲累乎若子祀子輿子犂子來之四人了於眞空達於無爲不知生死存亡之變而四人入道而爲友所謂至人而已矣雖然形之曲僂跰䠲而

南華真經新傳

不足爲累也

子祀曰汝惡之乎曰亡予何惡浸假而化予之左臂以爲雞予因以求時夜浸假而化予之右臂以爲彈予因以求鴞炙浸假而化予之尻以爲車以神爲馬予因而乘之豈更駕哉

以臂爲雞彈以尻爲輪以神爲馬此言萬物皆備於我身我能了之則足以乘而遊於形骸之外而出入於生死之域豈止息而更駕乎所以與造化冥運也故曰豈更

駕哉且夫得者時也失者順也安時而處順哀樂不能入也此古之所謂縣解也而不能自解者物有結之且夫物不勝天久矣吾又何惡焉俄而子來有病喘喘然將死其妻子環而泣之犂往問之曰叱避無怛化倚其戶與之語曰偉哉造化又將奚以汝為將奚以汝適以汝為鼠肝乎以汝為蟲臂乎子來曰父母於子東西南北唯命之從陰陽於人不翅於父母彼近吾死而我不聽我則悍矣彼何罪

惡五 六

焉夫大塊載我以形勞我以生佚我以老息我以死故善吾生者乃所以善吾死也

得者時也所謂儵然而來是也失者順也所謂儵然而往是也來則不可禦往則不可止安於來而順於往憂喜豈能役我乎

蓋心無所係而已矣故曰安時處順哀樂不能入也此古之所謂縣解也雖然心無所係而眞空矣一有妄想則萬態交至而相惑故曰而不自解者物有以結之夫心者人之天而物者人之累我能固心絶累

則萬物豈能爲敵乎故曰物不勝天久矣
吾又何惡焉此至人忘已如此也
今大冶鑄金金踊躍曰我且必爲鏌鋣大冶
必以爲不祥之金今一犯人之形而曰人耳
人耳夫造化者必以爲不祥之人今一以天
惡五　七
地爲大鑪以造化爲大冶惡乎往而不可哉
成然寐蘧然覺
夫有意於爲人則未必爲於人而適取化
工之所惡由金有意爲鏌鋣而大冶所以
惡之矣此不任其自然也惟至人與化同

體任其自然合萬物以爲一而未嘗分彼我之異所適而無不可也故曰今以天地爲大鑪以造化爲大冶惡乎往而不可哉故成然寐者所謂暫往也蘧然覺者所謂暫來也

子桑户孟子反子琴張三人相與友曰孰能相與於無相與相爲於無相爲孰能登天遊霧撓挑無極相忘以生無所終窮三人相視而笑莫逆於心遂相與友

相與於無相與者所謂合天人而不以人

助天也相爲於無相爲者所謂物物而不物於物也登天遊霧者所謂乘虛御氣也撓無極者所謂遍法界也此皆無我而能然既無我則外生外生則不可知其極盡矣故曰相忘以生無所終窮斯三人可謂通達而無礙也

莫然有間而子桑戶死未葬孔子聞之使子貢往待事焉或編曲或鼓琴相和而歌曰嗟來桑戶乎嗟來桑戶乎而已反其眞而我猶爲人猗子貢趨而進曰敢問臨尸而歌禮乎

常人以死爲喪真故悲哀而已矣至人以死爲反真故無悲哀而已矣無悲哀則編曲鼓琴不足以怪也子貢何必問之歟

二人相視而笑曰是惡知禮意子貢反以告孔子曰彼何人者邪脩行無有而外其形骸臨尸而歌顏色不變無以命之彼何人者邪

禮者忠信之薄而凡常之桎梏也常人拘執而務相爲誇尚故得其薄而不得其厚知其外而不知其意至人達觀而屈伸動靜處其厚語黙言笑知其意豈務屑屑而

拘執歟此子貢責孟子反子琴張之禮而宜乎二人反笑其不知禮意也故曰是惡知禮意

孔子曰彼遊方之外者也而丘遊方之内者也外内不相及而丘使女往弔之丘則陋矣

遊方之外者所謂不入於形器也遊方之内者所謂入於形器也及仲尼之道至大而亦不可以形器拘流則行不以己而其言使中人之可行此所以有遊方内之言也遊方之内則比於拔俗潔身絶世無拘

之人則爲陋矣故曰丘則陋矣
彼方且與造物者爲人而遊乎天地之一氣
彼以生爲附贅縣疣以死爲決𤴯潰癰夫若
然者又惡知死生先後之所在假於異物托
於同體亡其肝膽遺其耳目反覆終始不知

端倪芒然彷徨乎塵垢之外逍遥乎無爲之
業彼又惡能憒憒然爲世俗之禮以觀衆人
之耳目哉子貢曰然則夫子何方之依曰丘
天之戮民也雖然吾與汝共之
夫至人者與造化同功而冥運於天地之

間以生爲外物以死爲復眞 生不求其始而死不知其終異物非我之所異而我非異物之所殊曠然兩忘而俱非我有內寓六骸而外象耳目周流無極而莫窮本始超然遊六虚之外而寂然處眞空之內豈務拘執於禮法而駭凡常之聞見乎故曰彼又惡能憒憒然爲世俗之禮以觀衆人之耳目哉然而至人之如此者達乎性命之理而非有所係著也子貢不知而復問其何方之依宜乎仲尼答之以丘天之戮

民吾與汝共之也夫所謂天之戮民者安天之命而以禮自拘也夫安天之命則至命也以禮自拘則盡性也此仲尼之所以聖者歟

子貢曰敢問其方孔子曰魚相造乎水人相造乎道相造乎水者穿池而養給相造乎道者無事而生定故曰魚相忘乎江湖人相忘乎道術

道無不在而無有所拘儻適其理則生可自定由魚之在池則亦可以生何必泳海

卷六第十二

而方生也故曰相造乎道者無事而生定
然水者魚之所適也道者人之所依也魚
適於水而能忘水則其性所以存存也人
依於道而忘於道則其生所以生生也故
曰魚相忘乎江湖人相忘乎道術

子貢曰敢問畸人曰畸人者畸於人而侔於
天故曰天之小人人之君子人之君子天之
小人也

聖人無我而與物齊諧安俟獨侔於天也
方外之士介然拔俗而與物不耦所以獨

侔於天也獨侔於天則是人之君子矣若子桑户孟子反子琴張者所謂人之君子歟故曰天之小人人之君子人之君子天之小人也

顏回問仲尼曰孟孫才其母死哭泣無涕中心不慼居喪不哀無是三者以善喪蓋魯國固有無其實而得其名者乎回一怪之仲尼曰夫孟孫氏盡之矣進於知矣唯簡之而不得夫已有所簡矣孟孫氏不知所以生不知所以死不知就先不知就後若化爲物以待

其所不知之化已乎且方將化惡知不化哉方將不化惡知已化哉吾特與汝其夢未始覺者邪

至人忘生死之極達聚散之常生不爲之樂而死不爲之悲故孟孫才之母死其哭無涕其心不慼其居喪不哀者盡於反真之理而不慼不哀此所以得名於魯國也顏回徒見其外而未得其內故曰回一怪之仲尼能得其內而又見其外故曰盡之矣進於知者夫能盡反真之理矣蓋能取

惡五 十一

於道也故曰已有所簡矣能取於道則魄然無已而吾非我有其生死先後化與不化不知其所然與之俱往俱來此孟孫氏能於夢寐之中而自覺仲尼所以稱已與顏回不及矣故曰吾與汝其夢未始覺者耶

且彼有駭形而無損心有旦宅而無情死孟孫氏特覺人哭亦哭是自其所以乃且也相與吾之耳矣庸詎知吾所謂吾之乎

有駭形者所謂人哭亦哭也無損心者所

謂不慼不哀也有旦宅者所謂以形爲旅寄也無死情者所謂不徇適去也如此則物非我異身非我有故曰庸詎知吾所謂吾之乎

且汝夢爲鳥而厲乎天夢爲魚而沒於淵不識今之言者其覺者乎其夢者乎

夢爲鳥者必飛夢爲魚者必潛此理勢之自然也故曰且汝夢爲鳥而厲乎天夢爲魚而沒於淵夫夢之與覺生之與死混然一致而皆爲眞空何足哀樂於其間也故

曰不識今之言者其覺者乎其夢者乎

造適不及笑獻笑不及排

造適者非勉力而眞爲也獻笑者非樂然後笑也笑者至也排者去也非眞爲則出於强故不及至而止矣故曰造適不及笑非樂笑則亦出於强故不及去而自止矣故曰獻笑不及排孟孫才之哭泣何異造適獻笑乎

安排而去化乃入於寥天一

生人者安於暫往忘於已化適於高遠佭

於上天明于一致故曰安排而化去乃入於寥天一夫生死之變至大矣而達者了之而不以爲大當其生則爲時當其去則能順窈然無意於其間也然子反琴之歌曲與莊子鼓盆之意同孟孫才之哭泣與秦失三號之意同此皆至人之所爲非聖人不能知之矣

意而子見許由許由曰堯何以資汝意而子曰堯謂我汝必躬服仁義而明言是非許由曰而奚求爲輭夫堯既已黥汝以仁義而刖

汝以是非矣汝將何以遊夫遙蕩恣睢轉徙之塗乎意而子曰雖然吾願遊於其藩許由曰不然夫盲者無以與乎眉目顏色之好瞽者無以與乎青黃黼黻之觀意而子曰夫無莊之失其美據梁之失其力黃帝之亡其知皆在鑪捶之間耳庸詎知夫造物者之不息我黥而補我劓使我乘成以隨先生邪許由曰噫未可知也我爲汝言其大略吾師乎吾師乎齏萬物而不爲義澤及萬世而不爲仁長於上古而不爲老覆載天地刻彫衆形而

○不爲巧此所遊已

意而子者無意也許由者無爲也以無意而對無爲其於道也爲得矣此莊子所以託言二子之答問矣夫仁義者道之迹是非者智之端渾而内寘則皆不出於道散而外著則未能免其累意而子言堯使其服仁義言是非者所謂散道而外著也焉能免累而止止歟此許由所以有黥劓之言而又曰汝遊夫遥蕩恣睢轉徙之塗乎然意而子雖云無意而由有心焉是以未

樂盡道之妙壼而止願遊其藩傍也故曰願遊於其藩遊於其藩者則有時而止此許由所以引其師而復諭之也夫𩐎萬物而不爲義澤萬世而不爲仁者其道渾而爲一也長於上古而不爲老者其出歸於無極也覆載天地彫刻衆形而不爲巧者化而不涉爲之之迹也此皆無心之所致無心者乘物以遊心而無所不至也故曰此所遊已許由之師可謂大宗師莊子所以託言於終也故意而子無莊據梁者皆

莊子製名而寓意

顔回曰回益矣仲尼曰何謂也曰回忘仁義矣曰可矣猶未也它日復見曰回益矣曰何謂也曰回忘禮樂矣曰可矣猶未也它日復見曰回益矣曰何謂也曰回坐忘矣仲尼蹵然曰何謂坐忘顔回曰墮枝體黜聰明離形去知同於大通此謂坐忘仲尼曰同則無好也化則無常也而果其賢乎丘也請從而後也

惡五　十四

仲尼者無我也顔回者克己也以克己而

師無我則其進所以終至於無我此莊子所以言顏回始忘仁義次忘禮樂而終至於坐忘坐忘者無我而無所不忘而前所謂未始有回是也夫無我者天地萬物之所宗師也

子輿與子桑友而霖雨十日子輿曰子桑殆病矣裹飯而往食之至子桑之門則若歌若哭鼓琴曰父邪母邪天乎人乎有不任其聲而趨舉其詩焉子輿入曰子之歌詩何故若是曰吾思夫使我至此極者而弗得也父母

豈欲吾貧哉天無私覆地無私載天地豈私貧我哉求其爲之者而不得也然而至此極者命也夫

至人者一委於命而無累於物故富貴貧賤生死之變窈然盡忘而不介於胷中此

子桑貧而以言其命也故曰命也夫夫莊子作大宗師之篇而始言其知天次言其知人而終言其委命者蓋明能知天則所謂窮理也能知人則所謂盡性也能委命則所謂至命也窮理盡性而至於命此所

以爲大宗師也故終之以命焉此莊子之爲書篇之始終皆有次序也學者宜求其意焉

應帝王篇

天出德而入道入道而盡妙此物之所以同歸而宗師也物之所同歸則應可以爲帝王此莊子作應帝王之篇而次於大宗師也

齧缺問於王倪四問而四不知齧缺因躍而大喜行以告蒲衣子蒲衣子曰而乃今知之

乎

帝王之道在於無爲無爲則無迹無迹則不可言此王倪所以不答齧缺之問也夫齧缺者道不全之稱也王倪者王道之本也以其知道之不全而不得不問以其得道之端本而言不知不知不知者深知也然齧缺遂悟王倪不知之意而躍大喜而退以告蒲衣子蒲衣子遂與言其無爲之妙也夫無爲者道之眞而莊子故於篇首而言之

有虞氏不及泰氏有虞氏其猶藏仁以要人亦得人矣而未始出於非人泰氏其卧徐徐其覺于于一以已爲馬一以已爲牛其知情信其德甚眞而未始入於非人

泰氏虞氏均爲無爲然虞氏不及泰氏者非道之所以不同以其時變之異耳夫泰氏之世任其自然萬物齊謐而無彼我異同之辯故曰其卧徐徐其覺于于一以已爲馬一以已爲牛不知而所以交乎自得而所以内直故曰其知情信其德甚眞好

惡五 十六

惡俱泯而出於是非之域故曰而未始入於非人夫如此者時之然也虞氏之世治有使然物我自殊而有彼我異同之辯非仁不足以齊之故曰其由臧仁以要人亦得人矣得於人者好惡所以形而入於是非之域故曰而未始出於非人夫如此者亦時之然也故以道觀之則焉有不及以時言之則小有不同蒲衣子欲極言無爲之妙而所以以虞氏不及泰氏也

肩吾見狂接輿狂接輿曰日中始何以語女

肩吾曰告我君人者以已出經式義度人孰敢不聽而化諸狂接輿曰是欺德也仕於治天下也猶涉海鑿河而使蚉負山也夫聖人之治也治外乎正而後行確乎能其事者而已矣且鳥高飛以避矰弋之害鼷鼠深穴乎神丘之下以避熏鑿之患而曾二蟲之無知乎

恐五　十七

肩吾接輿所稱之意已解於逍遙篇日中始者此亦莊子製名寓意也經常也常者久也久於其道則天下化成故曰以已出

經式用也用者庸也寓諸庸而無不當故曰式義度人如此則本末兼全而内外俱治矣夫帝王之道無爲爲本而有爲爲末無爲有爲均是至妙任之各以時也接輿知本而不知末知無而不知有所以有聖人治外乎之言也又引鳥鼠二蟲而明於無爲夫鳥之飛鼠之穴者此自然也有矰弋熏鑿之害而然後其飛高至于天而其穴必在神丘之下此使然也自然者無爲而使然者有爲有爲亦不出於飛穴之外

也接輿自言於本末而不識本末矣
天根遊於殷陽至蓼水之上適遭無名人而
問焉曰請問爲天下無名人曰去汝鄙人也
何問之不預也予方將與造物者爲人厭則
又乘夫莽眇之鳥以出六極之外而遊無何
有之鄉以處壙埌之野汝又何帠以治天下
感予之心爲
天根者老子所謂是爲天地根是也無名
者老子所謂無名天地之始是也爲天地
根又爲天地始此道之所以至妙也莊子

製二子之名而取其意夫無名必至於有名有名萬物之母也故曰予方將與造物者爲人乘莽眇之鳥者言其輕舉而不更駕也出六極之外者言不入於形器也遊無何有之鄉者言人眞空之奧也處壙垠之野者言居無盡之外也此則無爲無心而天下自治矣故曰汝又何帠以治天下感予之心爲此所以足爲帝王矣

又復問無名人曰汝遊心於淡合氣於漠順物自然而無容私焉而天下治矣陽子居見

老聃曰有人於此嚮疾彊梁物徹疏明學道不勌如是者可比明王乎老聃曰是於聖人也胥易技係勞形怵心者也且也虎豹之文來田猨狙之便執斄之狗來藉如是者可比明王乎

夫接輿者止知無爲也天根者止知有爲也知無爲者不得不諭以有爲故肩吾答接輿以出己式義之言也知有爲者不得不諭之以無爲此無名復答天根以遊心合氣之言也夫遊心者汎然自得而復於

至靜也故曰遊心於淡合氣者其息深深而歸於至虛也故曰合氣於漠虛靜無爲而又能與物不迕而不背公此天下之所以自治也故曰順物自然而無容私焉而天下治矣

惡五　十九

陽子居蹵然曰敢問明王之治老聃曰明王之治功蓋天下而似不自已化貸萬物而民弗恃有莫舉名使物自喜立乎不測而遊於無有者也

陽子居者亦莊子製名寓意也問明王之

道者是問帝王之道也夫明王之所爲功及天下而身不居贍足萬物而下不知處乎至妙而任乎無爲此所以爲明王之道也豈以迹明不勸而爲之歟此陽子居未爲知道之本末也

鄭有神巫曰季咸知人之死生存亡禍福壽天期以歲月旬日若神鄭人見之皆棄而走列子見之而心醉歸以告壺子曰始吾以夫子之道爲至矣則又有至焉者矣壺子曰吾與汝既其文未既其實而固得道與衆雌而

無雄而又奚卵焉而以道與世亢必信夫故使人得而相汝嘗試與來以予示之明日列子與之見壺子出而謂列子曰嘻子之先生死矣弗活矣不以旬數矣吾見怪焉見濕灰焉列子入泣涕沾襟以告壺子壺子曰鄉吾示之以地文萌乎不震不正是殆見吾杜德機也嘗又與來明日又與之見壺子出而謂列子曰幸矣子之先生遇我也有瘳矣全然有生矣吾見其杜權矣列子入以告壺子壺子曰鄉吾示之以天壤名實不入而機發於

踵是殆見吾善者機也嘗又與來明日又與之見壺子出而謂列子曰子之先生不齋吾無得而相焉試齋且復相之列子入以告壺子壺子曰吾鄉示之以太沖莫勝是殆見吾衡氣機也鯢桓之審爲淵止水之審爲淵流

水之審爲淵淵有九名此處三焉嘗又與來明日又與之見壺子立未定自失而走壺子曰追之列子追之不及反以報壺子曰已滅矣已失矣吾不及已壺子曰鄉吾示之以未始出吾宗吾與之虛而委蛇不知其誰何因

以爲茅靡因以爲波流故逃也然後列子自以爲未始學而歸三年不出爲其妻爨食豕如食人於事無與親雕琢復朴塊然獨以其形立紛而封哉一以是終

夫倅於天地同於造化者帝王之道也帝王之道出於無爲之際而運於心術之間其妙所以入無方之神而其徼所以出至虛之域寘諸内以忘其外潛其神以喪其形千變萬化而不可測矣若壺子之所變本于無爲而入於無方虛靜杳寂而忘外

喪形此神巫之不能相也夫鄭巫者所謂人知其神而不神也壺子者所謂人不知其神而入神也夫莊子言帝王之道而所以言及於神者以帝王之道入神則方盡於妙也故引壺子之事而明之言其如此則方可爲帝王也

無爲名尸無爲謀府無爲事任無爲知主體盡無窮而遊無朕盡其所受乎天而無見得亦虛而已至人之用心若鏡不將不迎應而不藏故能勝物而不傷

無爲名尸者任其自然而名正也無爲謀府者寂然不動而無思也無爲事任者汎然無係而不役於物也無爲智王者藏其天眞而不用機心也體盡無窮者不求其終也而遊無朕者不顯其迹也盡其所受乎天者至命也而無見得者無得而無喪也亦虛而已者道至此而極於眞空也夫至虛而極於眞空者物來則應事至則辨所以勝物而物莫能傷矣故曰至人之用心若鏡不將不迎應而不藏故能勝物而

不傷夫帝王之道極妙之如此故於終篇而言之也

南海之帝爲儵北海之帝爲忽中央之帝爲渾沌儵與忽時相與遇於渾沌之地渾沌待之甚善儵與忽謀報渾沌之德曰人皆有七竅以視聽食息此獨無有嘗試鑿之日鑿一竅七日而渾沌死

夫無乎不在無有不至體之而不見其體用之而不見其用天下萬物由之而不能知之者道也道無方也無體也無爲也無

名也有方則有體有爲則有名名立則道之所以不全此莊子所以有南北中央帝之言也夫南北言其方也帝者況其體也相遇喻其爲也儵忽渾沌言其名也此寓言道散而不全也道既散而渾合者亦不

復完故曰七日而渾沌死夫渾沌者言其道合而一致得其妙者足以逍遥足以齊物足以養生足以經世足以充德足以爲宗師而冥然無方無體也至于足以爲帝王則是道之所以散而有爲有名也有爲

有名則道豈復合而渾歟此所以終言渾沌之死也七日者七篇之數也此莊子盡道於内篇之七也夫内篇者皆性與天道聖人之事而非淺見得以知之矣然終之於帝王篇者以帝者聖之餘而王則外而已矣是以終之焉

南華真經新傳卷之六

卷六第二十八

南華眞經新傳卷之七

宋　王　元　澤　傳

天道篇

夫天下之世俗外效曾史楊墨之所爲而内失其自然之正性正性失則不能無爲而安静矣莊子因而作天道篇

天道運而無所積故萬物成帝道運而無所積故天下歸聖道運而無所積故海内服明於天通於聖六通四辟於帝王之德者其自爲也眛然無不静者矣

無爲爲之謂之天審諦不妄之謂帝大而化之之謂聖天與帝聖皆出於道而所以通達矣故天道無爲而行健萬物所以資始也故曰天道運而無所積故天下歸聖道自然而彌綸民心所以悅懷也故曰聖道運而無所積故海内服明於天者知天也通於聖者入聖也知天則達於無爲入聖則任於自然如此則了於帝王之德而其所爲寂然而物莫足矣故曰明於天通於聖六通四辟於帝王之德者其無爲也

無不靜矣

聖人之靜也非曰靜也善故靜也萬物無足以鐃心者故靜也水靜則明燭鬚眉平中准大匠取法焉水靜猶明而況精神聖人之心靜乎天地之鑒也萬物之鏡也夫虛靜恬淡寂漠無爲者天地之平而道德之至故帝王聖人休焉休則虛虛則實實者倫矣虛則靜靜則動動則得矣靜則無爲無爲也則任事者責矣無爲則俞俞俞俞者憂患不能處年壽長矣夫虛靜恬淡寂漠無爲者萬物之本

也明此以南鄉堯之爲君也明此以北面舜之爲臣也以此處上帝王天子之德也以此處下玄聖素王之道也以此退居而閒遊江海山林之士服以此進爲而撫世則功大名顯而天下一也靜而聖動而王無爲也而尊

樸素而天下莫能與之爭美

聖人非有意於靜以其歸根而靜也歸根而靜則靜之至故曰非曰靜也善故靜也夫靜之至則嗜慾忘而天機深外物安足以動矣故曰萬物無足以鐃其心者故靜

也然而聖人之至靜愈於水之所靜也水靜則明見於毫末其平則大匠取法焉聖人之心靜則精神完復而洞徹雖天地之大萬物之衆不可逃吾照知也故曰而況精神聖人之心靜乎天地之鑑也萬物之鏡也虛者所謂曠兮若谷也靜者所謂其息深深也恬淡者所謂希夷也寂漠者所謂晦默也無爲者所謂自然也此皆眞空妙有之至也雖天地道德不出於此數者矣帝聖所以處之而息焉故曰夫虛靜恬

淡寂漠無爲者天地之平道德之至故帝王聖人休焉夫帝聖既處此數者而休心心休則虚虚則靜靜則無爲無爲則自得矣然而虚則未嘗不實實則極天下之理也故曰虚則實實者倫矣靜則亦未嘗不動動則無一事之失也故曰靜則動動則得矣無爲則亦未嘗不爲爲則無有不當也故曰無爲也則任事者責矣任事者責矣則自得自得則悲哀不能入而形未嘗衰也故曰無爲則俞俞俞俞者憂患不能

南華真經新傳

處年壽長矣
夫明白於天地之德者此之謂大本大宗與
天和者也所以均調天下與人和者也與人
和者謂之人樂與天和者謂之天樂莊子曰
吾師乎吾師乎䪡萬物而不爲戾澤及萬世
而不爲仁長於上古而不爲壽覆載天地刻
彫衆形而不爲巧此之謂天樂故曰知天樂
者其生也天行其死也物化靜而與陰同德
動而與陽同波故知天樂者無天怨無人非
無物累無鬼責故曰其動也天其靜也地一

心定而王天下其鬼不祟其魂不疲一心定而萬物服言以虛靜推於天地通於萬物此之謂天樂天樂者聖人之心以畜天下也靜則歸根而晦默寂然所以自得也故曰靜則與陰同化動則愈出而明白汎然所以無礙也故曰動則與陽同波此天樂之至也夫天樂者孔孟之所謂樂天也樂天則萬物不足以憂之而樂之至也故曰天樂也

天帝王之德以天地爲宗以道德爲主以無

爲爲常無爲也則用天下而有餘有爲也則爲天下用而不足故古之人貴夫無爲也上無爲也下亦無爲也是下與上同德下與上同德則不臣下有爲也上亦有爲也是上與下同道上與下同道則不主

付物自然則贍足萬物而不絶故曰無爲也則用天下而有餘俾物使然則萬物相役而力不贍故曰有爲也則爲天下用而不足非帝王之道也

上必無爲而用天下下必有爲爲天下用此

不易之道也

主者天道也臣者人道也天不得不無爲人不得不有爲無爲所以無心於天下而天下歸於役使也有爲所以有心於天下而天下從而役使也歸其役使者常逸從而役使者常勞此萬世不變之道也故曰上必無爲而用天下下必有爲爲天下用此不易之道也

故古之王天下者知雖落天地不自慮也辯雖彫萬物不自說也能雖窮海内不自爲也

天不産而萬物化地不長而萬物育帝王無爲而天下功故曰莫神於天莫富於地莫大於帝王故曰帝王之德配天地此乘天地馳萬物而用人羣之道也本在於上末在於下要在於主詳在於臣三軍五兵之運德之末

也賞罰利害五刑之辟教之末也禮法度數刑名比詳治之末也鐘鼓之音羽旄之容樂之末也哭泣衰絰降殺之服哀之末也此五末者須精神之運心術之動然後從之者也末學者古人有之而非所以先也

莊子之作此篇首言天帝聖人之道而次言虛靜恬淡之妙次又言天樂帝王之德所以極明無爲之妙理也夫無爲者必至於有爲有爲則有迹而已矣故繼言其兵軍賞罰禮樂喪哀之五事所以極言有爲之迹也然而又慮後之治天下者以治天下之道不出於此五者而用之以失其眞性遂稱五事爲德教禮樂喪哀之末也夫有末者必有本本則無爲之理也理不出性命之際而知其理而順之則五者自行

而巳矣故曰此五者須精神之運心術之動然後從之者也

君先而臣從父先而子從兄先而弟從長先而少從男先而女從夫先而婦從夫尊卑先後天地之行也故聖人取象焉天尊地卑神明之位也春夏先秋冬後四時之序也萬物化作萌區有狀盛衰之殺變化之流也夫天地至神而有尊卑先後之序而況人道乎宗廟尚親朝廷尚尊鄉黨尚齒行事尚賢大道之序也語道而非其序者非道也語道而非

其道者安取道

夫莊子之此篇深明自然之道所謂知於天而已至此而言君臣父子兄弟少長男女夫婦尊卑先後之序亦所謂知於人而已荀子言莊子蔽於天而不知人周豈爲

惡六

六

不知於人歟

是故古之明大道者先明天而道德次之道德已明而仁義次之仁義已明而分守次之分守已明而刑名次之刑名已明而因任次之因任已明而原省次之原省已明而是非

次之是非已明而賞罰次之賞罰已明而愚知處宜貴賤履位仁賢不肖襲情必分其能必由其名以此事上以此畜下以此治物以此脩身知謀不用必歸其天此之謂太平治之至也故書曰有刑有名刑名者古人有之而非所以先也古之語大道者五變而刑名可舉九變而賞罰可言也驟而語刑名不知其本也驟而語賞罰不知其始也倒道而言迕道而說者人之所治也安能治人驟而語刑名賞罰此有知治之具非知治之道可用

於天下不以用天下此之謂辯士一曲之人也禮法數度刑名比詳古人有之此下之所以事上非上之所以畜下也

萬物待是而後存者天也莫不由是而之焉者道也道之在我者德也以德愛者仁也愛而宜者義也仁有先後義有上下謂之分先不擅後下不侵上謂之守刑者物此者也名者命此者也所謂物此者何也貴賤親疏所以表飾之其物不同者是也所謂命此者何也貴賤親疏所以稱號之

其命不同者是也物此者貴賤各有容矣命此者親踈各有其號矣因親踈貴賤而任之以其所宜爲此之謂因任因任之以其所宜爲矣放而不察乎則又既天地必原其情必省其事此之謂原省原省明而後可以辨是非是非明而後可以施賞罰故曰先明天而道德次之道德已明而仁義次之仁義已明而分守次之分守已明而刑名次之刑名已明而因任次之因任已明而原省次之原省已明而是非次之

是非已明而賞罰次之此九變者古之人孰不從之矣至後世則不然仰而曰彼蒼蒼而大者何也其去吾不知其幾千萬里是豈能知我何哉吾爲吾之所爲而已安取彼於見遂棄道德離仁義略分守慢刑名忽因任而忘原省直信吾之是非而加人以其賞罰於是乎天下始大亂而寡弱者號無告聖人不作諸子者俟其間而出於偏見言道德者至於杳冥而不可考而原一世之有爲者爲不足以言刑名者守

南華真經新傳

物誦數罷苦以至於老而疑道德彼皆忘其智爲之不贍也而魁然自以爲聖人者此矣悲夫故曰五變而刑名可舉九變而賞罰可言語道而非序安取其言也

昔者舜問於堯曰天王之用心何如堯曰吾不敖無告不廢窮民苦死者嘉孺子而哀婦人此吾所以用心已舜曰美則美矣而未大也堯曰然則何如舜曰天德而出寧日月照而四時行若晝夜之有經雲行而雨施矣堯曰然則膠膠擾擾乎子天之合也我人之合

也夫天地者古之所大也而黃帝堯舜之所共美也故古之王天下者奚爲哉天地而已矣

夫堯不敖無告不廢窮民苦死者嘉孺子哀婦人此雖爲惠而以心惠物也夫以心惠物則仁於一物而所惠不廣矣故舜曰而未大也豈若無心惠物乎故無心惠物則所惠者大而物安乎故舜又曰天德而出寧

孔子西藏書於周室子路謀曰由聞周之徵

藏史有老聃者免而歸居夫子欲藏書則試徃因焉孔子曰善徃見老聃而老聃不許於是繙十二經以說老聃中其說曰太謾願聞其要孔子曰要在仁義老聃曰請問仁義人之性邪孔子曰然君子不仁則不成不義則

不生仁義真人之性也又將奚爲矣老聃曰請問何謂仁義孔子曰中心物愷兼愛無私此仁義之情也老聃曰意幾乎後言夫兼愛不亦迂乎無私焉乃私也夫子若欲使天下無先其牧乎則天地固有常矣日月固有明

矣星辰固有列矣禽獸固有群矣樹木固有立矣夫子亦放德而行循道而趨已至矣又何偈偈乎揭仁義若擊鼓而求亡子焉意夫子亂人之性也士成綺見老子而問曰吾聞夫子聖人也吾固不辭遠道而來願見百舍重趼而不敢息今吾觀子非聖人也鼠壤有餘蔬而棄妹不仁也生熟不盡於前而積斂無崖老子漠然不應士成綺明日復見曰昔者吾有剌於子今吾心正卻矣何故也老子曰夫巧知神聖之人吾自以爲脫焉昔者子

呼我牛也而謂之牛呼我馬也而謂之馬苟有其實人與之名而弗受再受其殃吾服也恒服吾非以服有服士成綺鴈行避影履行遂進而問脩身若何老子曰而容崖然而目衝然而顙頯然而口闞然而狀義然似繫馬而止也動而持發也機察而審知巧而覩於泰凡以為不信邊境有人焉其名為竊老子曰夫道於大不終於小不遺故萬物備廣廣乎其無不容也淵乎其不可測也形德仁義神之末也非至人孰能定之夫至人有世不

亦大乎而不足以爲之累天下奮棅而不與之偕審乎無假而不與利遷極物之眞能守其本故外天地遺萬物而神未嘗有所困也通乎道合乎德退仁義賓禮樂至人之心有所定矣世之所貴道者書也書不過語語有貴也語之所貴者意也意有所隨意之所隨者不可以言傳也

夫道無乎不在也雖天地之大由之而生蜩鷃之小由之而成故在於大則亦未嘗不小在於小而亦未嘗不大當在其大也

南華真經新傳

則不可知其極故曰於大不終當在其小則不見不足故曰於小不遺大不知其極小不見其不足萬物之用無不備也故曰萬物廣備然萬物之既備而無不涵容也故曰廣乎其無不容也容於萬物而其深無涯也故曰淵乎其不可測也道之如此而非至人孰能體用矣故至人之體道天下雖廣而不以累心也故曰有世不亦大乎而不足以爲之累權謀用而不與之偕也故曰天下奮棅而不與之皆明物黨來

而不爲之役也故曰審乎無假而不與利
遷辨是與非而不失性也故曰極物之眞
能守其本至人如此而天地不足拘萬物
不足累性命安全而汎然逍遥故曰外天
地遺萬物而神未嘗有所困也遠乎無爲
惡六　十一
明乎自得抑乎仁義外乎禮樂眞君淵靜
而不動也故曰退道德賓禮樂至人之心
有所定矣
而世因貴言傳書世雖貴之哉猶不足貴也
爲其貴非其貴也故視而可見者形與色也

聽而可聞者名與聲也悲夫世人以形色名聲爲足以得彼之情夫形色名聲果不足以得彼之情則知者不言言者不知而世豈識之哉桓公讀書於堂上輪扁斲輪於堂下釋椎鑿而上問桓公曰敢問公之所讀者何言邪公曰聖人之言也曰聖人在乎公曰已死矣曰然則君之所讀者古人之糟魄已夫桓公曰寡人讀書輪人安得議乎有說則可無說則死輪扁曰臣也以臣之事觀之斲輪徐則甘而不固疾則苦而不入不徐不疾得之

於手而應於心口不能言有數存焉於其間臣不能以喻臣之子臣之子亦不能受之於臣是以行年七十而老斲輪古之人與其不可傳也死矣然則君之所讀者古人之糟魄已夫

夫道視之不見也聽之不聞也搏之不得也不可以智度不可以情求妙而至妙神而至神惟聖人心得而知之矣聖人心得而知之也以道神妙深微而廣後世不能知之矣故載道之粗於其書書所以爲道

之粗迹也桓公不能心得於至道徒讀聖人之粗迹宜乎輪扁之所以譏也然輪扁雖譏於桓公至于已之所輪而其術雖爲得於心亦未爲無失而已矣夫破百年之木而操之以爲輪是使木失眞性也安若不斷於輪乎二者均爲有爲之累故莊子言於此篇終

南華眞經新傳卷之七

卷七第十五

南華眞經新傳卷之八　惡七

宋　王　元　澤　傳

天運篇

夫無爲者天之妙道也天道之止於無爲則其道所以不爲神惟能無爲而爲之然後道妙而神矣此莊子因作天運篇

天其運乎地其處乎日月其爭於所乎孰主張是孰綱維是孰居無事推而行是意者其有機緘而不得已邪意者其運轉而不能自止邪雲者爲雨乎雨者爲雲乎孰隆施是孰

居無事淫樂而勸是風起北方一西一東有上彷徨孰噓吸是孰居無事而披拂是敢問何故巫咸祒曰來吾語女天有六極五常帝王順之則治逆之則凶九洛之事治成德備監照下土天下載之此謂上皇

惡七　一

夫日月雲雨風氣皆天之用也天有其用而不用以為用則其用所以不息也惟聖人法而用之以宥於天下故功所以不虧而道所以曲全幽遠無不能知而民心推戴而存真也故曰帝王順之則治逆之則

凶九洛之事治成德備監照下土天下戴之此謂上皇

商太宰蕩問仁於莊子莊子曰虎狼仁也曰何謂也莊子曰父子相親何爲不仁曰請問至仁莊子曰至仁無親太宰曰蕩聞之無親則不愛不愛則不孝謂至仁不孝可乎莊子曰不然夫至仁尚矣孝固不足以言之此非過孝之言也不及孝之言也夫南行者至於郢北面而不見冥山是何也則去之遠也故曰以敬孝易以愛孝難以愛孝易而忘親難

忘親易使親忘我難使親忘我易兼忘天下難兼忘天下易使天下兼忘我難

至仁者未及於大仁正於不親而已矣故曰至仁不親不親則親之視我豈有乎故曰使親忘我易親之忘我則我止曰無心於親矣豈爲無心於天下乎故兼忘天下難天下者度外之一物耳我豈視之爲有而累心之亦可忘之而已矣故曰兼忘天下易然天下雖爲度外之一物而萬物待我而贍足矣故曰使天下兼忘我難此至

仁未爲兼忘也惟大仁任其自然而付之自爲所以兼忘而已矣兼忘則入於眞空矣

夫德遺堯舜而不爲也利澤施於萬世天下莫知也豈直太息而言仁孝乎哉夫孝悌仁義忠信貞廉此皆自勉以役其德者也不足多也故曰至貴國爵并焉至富國財并焉至願名譽并焉是以道不渝

夫萬物皆備於我而我能全之而不虧則至貴至富至願所以并之焉其道安有加

損矣故曰至貴國爵并焉至富國財并焉
　至願名譽并焉是以道不渝
北門成問於黃帝曰帝張咸池之樂於洞庭
之野吾始聞之懼復聞之怠卒聞之而惑蕩
蕩默默乃不自得帝曰汝殆其然哉吾奏之

以人徵之以天行之以禮義建之以太清四
時迭起萬物循生一盛一衰文武倫經一清
一濁陰陽調和流光其聲蟄蟲始作吾驚之
以雷霆其卒無尾其始無首一死一生一僨
一起所常無窮而一不可待汝故懼也吾又

南華真經新傳

奏之以陰陽之和燭之以日月之明其聲能短能長能柔能剛變化齊一不主故常在谷滿谷在坑滿坑塗郤守神以物爲量其聲揮綽其名高明是故鬼神守其幽日月星辰行其紀吾止之於有窮流之於無止子欲慮之而不能知也望之而不能見也逐之而不能及也儻然立於四虛之道倚於槁梧而吟目知窮乎所欲見力屈乎所欲逐吾既不及已夫形充空虛乃至委蛇汝委蛇故怠吾又奏之以無怠之聲調之以自然之命故若混逐

叢生林樂而無形布揮而不曳幽昏而無聲動於無方居無窈冥或謂之死或謂之生或謂之實或謂之榮行流散徙不主常聲世疑之稽於聖人聖也者達於情而遂於命也天機不張而五官皆備此之謂天樂無言而心悅故有焱氏爲之頌曰聽之不聞其聲視之不見其形充滿天地苞裹六極汝欲聽之而無接焉而故惑也樂也者始於懼懼故祟五又次之以怠怠故遁卒之於惑惑故愚愚故道道可 載而與之俱也

南華真經新傳

夫天下至妙之道當其渾也天人陰陽萬物纖悉無在焉及其散也天地設位陰陽殊氣物自爲物無不由之矣是以黄帝得之而所以全天樂故莊子所以寓言黄帝之張咸池也夫咸池者道渾之喻也奏之者道散之謂也道渾則所以有其體道散則所以有其用用則所以有爲而有爲而羣生遂則其樂豈有其聲歟宜乎焱氏爲之頌而言其聽之而不聞視之而不見也故視之而不見者言其無體也聽之而不

聞者言其無聲也此明有爲卒至於無爲也夫無爲則復命而反眞故終曰愚故道道可載而與之俱也

孔子西遊於衛顔淵問師金曰以夫子之行爲奚如師金曰惜乎而夫子其窮哉顔淵曰何也師金曰夫芻狗之未陳也盛以篋衍巾以文繡尸祝齋戒以將之及其已陳也行者踐其首脊蘇者取而爨之而已將復取而盛以篋衍巾以文繡遊居寢卧其下彼不得夢必且數眯焉今而夫子亦取先王已陳芻狗

取弟子遊居寢卧其下故伐樹於宋削迹於衛窮於商周是非其夢邪圍於陳蔡之間七日不火食死生相與鄰是非其眯邪夫水行莫如用舟而陸行莫如用車以舟之可行於水也而求推之於陸則沒世不行尋常古今

惡七 五

非水陸與周魯非舟車與今蘄行周於魯是猶推舟於陸也勞而無功身必有殃彼未知夫無方之傳應物而不窮者也且子獨不見夫桔槔者乎引之則俯舍之則仰彼人之所引非引人也故俯仰而不得罪於人故夫三

皇五帝之禮義法度不矜於同而矜於治故譬三皇五帝之禮義法度其猶柤梨之食邪其味相反而皆可於口故禮義法度者應時而變者也今取猨狙而衣以周公之服彼必齕齧挽裂盡去而後慊觀古今之異猶猨狙之異乎周公也故西施病心而矉其里其里之醜人見而美之歸亦捧心而矉其里其里之富人見之堅閉門而不出貧人見之挈妻子而去之走彼知美矉而不知矉之所以美惜乎而夫子其窮哉孔子行年五十有一而

不聞道乃南之沛見老聃老聃曰子來乎吾聞子北方之賢者也子亦得道乎孔子曰未得也老子曰子惡乎求之哉曰吾求之於度數五年而未得也老子曰子又惡乎求之哉曰吾求之於陰陽十有二年而未得老子曰然使道而可獻則人莫不獻之於其君使道而可進則人莫不進之於其親使道而可以告人則人莫不告其兄弟使道而可以與人則人莫不與其子孫然而不可者無他也中無主而不止外無正而不行由中出者不受

於外聖人不出由外入者無主於中聖人不隱名公器也不可多取仁義先王之蘧廬也止可以一宿而不可以久處覯而多責古之至人假道於仁託宿於義以遊逍遙之墟食於苟簡之田立於不貸之圃逍遙無爲也苟

簡易養也不貸無出也古者謂是采眞之遊以富爲是者不能讓祿以顯爲是者不能讓名親權者不能與人柄操之則慄舍之則悲而一無所鑒以闚其所不休者是天之戮民也怨恩取與諫教生殺八者正之器也唯循

大變無所湮者爲能用之故曰正者正也其心以爲不然者天門弗開矣

莊子之作篇中言黃帝之張樂次言孔子之西遊是皆有爲之事也故孔子西遊而師金以其道而比芻狗不及黃帝之事而已故降一等而言之也然師金止知孔子之道如無用之芻狗而不知無用乃有用之妙也夫黃帝之事然爲有爲而是皆有爲之至也故有爲之至則卒入於無爲故繼言孔子問道於老聃也夫道集於虛而

虛者足容於道也虛則一而行無不通也故不虛則不集故曰內無主而不止不一則不通故曰外無正而不行夫集於內者必行於外所謂由中而出也由中出者豈爲自外而受歟此聖人之所以固守也故曰由中出者不受於外聖人不出夫行於外者因集於內所謂由外而入也由外入者豈爲不虛而集歟此聖人之所以必行也故曰由外入者無主於中聖人不隱此老聃言入道致用之終始也

南華真經新傳

孔子見老聃而語仁義老聃曰夫播穅眯目則天地四方易位矣蚊虻噆膚則通昔不寐矣夫仁義憯然乃憤吾心亂莫大焉吾子使天下無失其朴吾子亦放風而動總德而立矣又奚傑然若負建鼓而求亡子者邪夫鵠不日浴而白烏不日黔而黑黑白之朴不足以爲辯名譽之觀不足以爲廣泉涸魚相與處於陸相呴以濕相濡以沫不若相忘於江湖孔子見老聃歸三日不談弟子問曰夫子見老聃亦將何規哉孔子曰吾乃今於是乎

見龍龍合而成體散而成章乘乎雲氣而養乎陰陽予口張而不能嗋予又何規老聃哉子貢曰然則人固有尸居而龍見雷聲而淵默發動如天地者乎賜亦可得而觀乎遂以孔子聲見老聃老聃方將倨堂而應微曰一年運而往矣子將何以戒我乎子貢曰夫三皇五帝之治天下不同其係聲名一也而先生獨以爲非聖人如何哉老聃曰小子少進子何以謂不同對曰堯授舜舜授禹禹用力而湯用兵文王順紂而不敢逆武王逆紂而

南華真經新傳

不肯順故曰不同老聃曰小子少進余語女三皇五帝之治天下黄帝之治天下使民心一民有其親死不哭而民不非也堯之治天下使民心親民有爲其親殺其殺而民不非也舜之治天下使民心競民孕婦十月生子

子生五月而能言不至乎孩而始誰則人始有天矣禹之治天下使民心變人有心而兵有順殺盜非殺人自爲種而天下耳是以天下大駭儒墨皆起其作始有倫而今乎婦女何言哉余語女三皇五帝之治天下名曰治

之而亂莫甚焉三皇之知上悖日月之明下睽山川之精中墮四時之施其知憯於蠆蠆之尾鮮規之獸莫得安其性命之精者而猶自以爲聖人不可恥乎其無恥也子貢蹵然立不安孔子謂老聃曰丘治詩書禮樂易春秋六經自以爲久矣孰知其故矣以奸者七十二君論先王之道而明周召之迹一君無所鉤用甚矣夫人之難說也道之難明邪老子曰幸矣子之不遇治世之君也夫六經先王之陳迹也豈有所以迹哉今子之所言猶

迹也夫迹履之所出而迹豈履哉夫白鶂之
相視眸子不運而風化蟲雄鳴於上風雌應
於下風而風化類自爲雌雄故風化性不可
易命不可變時不可止道不可壅苟得於道
無自而不可失焉者無自而可孔子不出三
惡七 九
月復見曰丘得之矣烏鵲孺魚傅沫細要者
化有弟而兄啼久矣夫丘不與化爲人不與
化爲人安能化人老子曰可丘得之矣
有爲者必有迹故莊子至此而寓言老聃
誚孔子治人而以陳迹也然六經載道之

書書者爲道之粗由粗可以至於精精則無所爲而已此所以終孔子不與化爲人之言也夫不與化爲人者付之自化也付之自化則無所爲是以言之於篇終也故曰丘不與化爲人不與化爲人安能化之

老子曰可丘得之矣

南華眞經新傳卷之八

南華真經新傳卷之九

宋　王　元　澤　傳

刻意篇

夫虛靜寂寞之道廢則矯削僻異之行所以興此世俗之忘於無爲而滅天矣此莊子因而作刻意篇

刻意尚行離世異俗高論怨誹爲亢而已矣此山谷之士非世之人枯槁赴淵者之所好也語仁義忠信恭儉推讓爲脩而已矣此平世之士教誨之人遊居學者之所好也語大

功立大名禮君臣正上下爲治而已矣此朝廷之士尊主彊國之人致功并兼者之所好也就藪澤處閒曠釣魚閒處無爲而已矣此江海之士避世之人閒暇者之所好也吹呴呼吸吐故納新熊經鳥申爲壽而已矣此導引之士養形之人彭祖壽考者之所好也若夫不刻意而高無仁義而脩無功名而治無江海而閒不導引而壽無不忘也無不有也澹然無極而衆美從之此天地之道聖人之德也

夫山谷平世之士彊國避世養形之人皆爲有我而已矣夫有我則有心有心則未免於所惑是以各蔽於一曲也故樂於山藪者往而不能返仕於朝廷者入而不能出恬於教誨者屈而不能伸耽於養形者存而不能忘是非眞性之然也是矯削其意而使然也豈與聖人相同乎聖人則無我而已矣夫無我則無心無心則無所惑是以忘形而通達於萬事也故登假於至道而乃入於寥天一豈爲刻意而高歟鑿

物澤世而非由於外鑠豈爲行仁義而脩歟巍巍蕩蕩而在宥於天下豈爲立功名而治歟淵靜晦默而逍遥於自得之場豈爲處江湖而間歟氣柔真全而形未嘗衰豈爲務導引而壽歟存而不存也無而不無也莫知其終而至道自集皆無爲之至妙而惟聖人所以得之矣故曰不刻意而高無仁義而修無功名而治無江海而間不導引而壽無不忘也無不有也澹然無極而衆美從之此天地之道聖人之德也

故曰夫恬惔寂寞虛無無爲此天地之平而道德之質也故曰聖人休休焉則平易矣平易則恬惔矣平易恬惔則憂患不能入邪氣不能襲故其德全而神不虧故曰聖人之生也天行其死也物化靜而與陰同德動而與陽同波不爲福先不爲禍始感而後應迫而後動不得已而後起去知與故循天之理故無天災無物累無人非無鬼責其生若浮其死若休不思慮不豫謀光矣而不耀信矣而不期其寢不夢其覺無憂其神純粹其魂不

罷虛無恬惔乃合天德故曰悲樂者德之邪喜怒者道之過好惡者德之失

平易者所謂無滯礙也恬惔者所謂無思慮也憂患不能入者所謂哀樂不能入也邪氣不能襲者所謂喜怒不能感也如此

則自得而神王矣故曰其德全而神不虧神不虧則以生死爲往來之暫矣故曰聖人之生也天行其死也物化夫死生至大而以之爲往來則禍福之微豈能累我乎故曰不爲福先不爲禍始感而後應者所

謂德充而符合也迫而後動者所謂事至而應也不得已而後起者所謂不預謀也不以智行已不以故滅命守於自然之眞理也故曰去知與故循天之理無天災者與天合德而天不災也無物累者與物齊諧而物莫役也無人非者出於非人之域而明不散也無鬼責者與鬼神同其吉凶而無不佑也此數者非聖人孰能與此矣故心不憂樂德之至也一而不變靜之至也無所於忤虛之至也不與物交淡之至也無

所於逆粹之至也故曰形勞而不休則弊精用而不已則勞勞則竭水之性不雜則清莫動則平鬱閉而不流亦不能清天德之象也故曰純粹而不雜靜一而不變淡而無爲動而以天行此養神之道也夫有干越之劒者柙而藏之不敢用也寶之至也精神四達並流無所不極上際於天下蟠於地化育萬物不可爲象其名爲同帝純素之道唯神是守守而勿失與神爲一一之精通合于天倫也聖人之心喜懼不入而自得故曰心不憂

南華真經新傳

樂德之至也守一有常而物莫足撓故曰一而不變靜之至也正錯無累而曠兮善應故曰無所於忤虛之至也外能役物而洞然清徹故曰不與物交淡之至也同乎大順而極於精粹故曰無所於逆粹之至也聖人之心若是也夫聖人之心精神之宅也惟聖人能養其神而不輕用如韜藏利器而不敢妄用也故曰夫有干越之劒者柙而藏之不敢用也寶之至也故聖人寶養精神之如此其通達無所不至而其

奥妙與天地同流造化萬物而視之不可見成於天而已矣故曰精神並流無所不極上際於天下蟠於地化育萬物不可爲象其名爲同帝

野語有之曰衆人重利廉士重名賢士尚志聖人貴精

利者所以和義者也衆人重之而已矣故曰衆人重利名者所以爲實之賓也廉士重之而已矣故曰廉士重名志者心之所之於遂大也賢士尚之而已矣故曰賢士

南華真經新傳

尚志精者純粹不雜之道也聖人貴之而已矣故曰聖人貴精故利不及於名名不及於志志不及於精此所以言之有序也故素也者謂其無所與雜也純也者謂其不虧其神也能體純素謂之眞人

純者不雜也素者質朴也素則至于純純則至于粹粹則至于精精則至于神而已矣故曰純素之道惟神是守能守而自得與神無二矣故曰守而勿失與神爲一一者道之妙本而歸於自然無爲矣故曰一

惡八　五

之精通合于天倫此言入神之序也

繕性篇

夫矯削僻異之行非出於人之天真而生於世俗之僞心僞心用則正性所以失正性失而不悟其自失復欲以僞而完治矣

此莊子因而作繕性篇

繕性於俗俗學以求復其初滑欲於俗思以求致其明謂之蔽蒙之民

夫天之付人之性也本於靜而已矣靜則明明則無所不通世俗受天之性也以靜

而必動而靜不謂之善明而不顯則明不足耀衆是以外逐異學而求善其靜内務思慮而增益其明異學雖得而其靜反動思慮愈精而其明愈晦以其反動而治性以復其靜以其愈晦而役思以復其明此非該偏之士矣故曰謂之蒙蔽之民

古之治道者以恬養知生而無以知爲也謂之以知養恬知與恬交相養而和理出其性也

恬者靜也智者動也靜出於恬則所謂善

於靜動出智則所謂善於動動必復於靜靜必至于動以恬而靜則萬物莫足鐃以智而動則萬物莫足止此聖人善於動靜而不逆其理如出於性而已故曰知與恬交相養而和理出其性

夫德和也道理也德無不容仁也道無不理義也義明而物親忠也中純實而反乎情樂也信行容體而順乎文禮也禮樂徧行則天下亂矣彼正而蒙已德德則不冒冒則物必失其性也

德者得也自得則和不欲出也故曰德和也道者道也可道則必有其理故曰道理也自得而能容則兼愛矣故曰德無不容仁也可道而順理則必當矣故曰道無不理義也義當則得中而物附矣故曰義明而物親忠也中純實而反乎情樂也者所謂樂由中出也信行容體而順乎文禮者所謂禮自外作也禮樂者道德之緒餘聖人不專用而治天下也故曰禮樂偏行而天下亂矣此莊子不貴禮樂之言也

古之人在混芒之中與一世而得澹漠焉當是時也陰陽和靜鬼神不擾四時得節萬物不傷羣生不夭人雖有知無所用之此之謂至一當是時也莫之爲而常自然逮德下衰及燧人伏戲始爲天下是故順而不一德又下衰及神農黃帝始爲天下是故安而不順德又下衰及唐虞始爲天下興治化之流澡淳散朴離道以善險德以行然後去性而從於心心與心識知而不足以定天下然後附之以文益之以博文滅質博溺心然後民始

惑亂無以反其性情而復其初由是觀之世喪道矣道喪世矣世與道交相喪也道之人何由興乎世世亦何由興乎道哉道無以興乎世世無以興乎道雖聖人不在山林之中其德隱矣

夫燧人伏羲可謂朴素之時也莊子以爲不及於混茫之初而謂其遠德下衰也神農黄帝可謂至平之世也莊子以爲不及於羲燧之時而亦謂德又下衰也唐虞之際可謂至治之朝也莊子以爲不及神黄

南華真經新傳

之世而亦謂德又下衰也故燧人羲農黃帝唐虞莊子皆不取之而所取者古之混茫之初也夫混茫之中人守其眞性事任其自然豈知有仁義禮樂之端高世出衆之行而刻意繕性而效之歟此莊子之所取而言之以疾世俗也與前篇論至德之世泰初無有之意同

隱故不自隱古之所謂隱士者非伏其身而弗見也非閉其言而不出也非藏其知而不發也時命大謬也當時命而大行乎天下則

反一無迹不當時命而大窮乎天下則深根寧極而待此存身之道也

夫士隱於山林也非欲自匿其身也非欲自閉其言也非欲自藏其智也出於不得已而已故曰時命大謬也是以當盛行而不加益所以抱一而恬寂也故曰當時命大行乎天下則反一無迹當窮居而不加損所以深根而固蔕也故曰不當時命而大窮乎天下則深根寧極而待如此則能全於形也故曰此存身之道也

卷九第十

古之存身者不以辯飾知不以知窮天下不以知窮德危然處其所而反其性已又何爲哉道固不小行德固不小識小識傷德小行傷道故曰正已而已矣樂全之謂得志古之所謂得志者非軒冕之謂也謂其無以益其樂而已矣今之所謂得志者軒冕之謂也軒冕在身非性命也物之儻來寄也寄之其來不可圉其去不可止故不爲軒冕肆志不爲窮約趨俗其樂彼與此同故無憂而已矣今寄去則不樂由是觀之雖樂未嘗不荒也故

曰喪已於物失性於俗者謂之倒置之民樂全者所謂樂天知命而性不虧也夫樂天者所以知天知命者所以至命知天則任其自然至命則物不能役如此則正性所以全也正性全則自得自得則志無不

惡八　九

得矣故曰樂全之謂得志得志者死生憂患富貴窮達皆不累於心而況軒冕之微乎故曰非軒冕之謂也

秋水篇

夫天下之世俗治性不以聖人之正道而

徒逐諸子之俗學俗學雖汗漫汎濫亦可觀安知無於根源矣此莊子因而作秋水篇

秋水時至百川灌河涇流之大兩涘渚崖之間不辯牛馬於是焉河伯欣然自喜以天下之美爲盡在己順流而東行至於北海東面而視不見水端於是焉河伯始旋其面目望洋向若而歎曰野語有之曰聞道百以爲莫己若者我之謂也且夫我嘗聞少仲尼之聞而輕伯夷之義者始吾弗信今我覩子之難

南華真經新傳

窮也吾非至於子之門則殆矣吾長見笑於大方之家北海若曰非鼃不可以語於海者拘於虛也夏蟲不可以語於冰者篤於時也曲士不可以語於道者束於教也今爾出於崖涘觀於大海乃知爾醜爾將可與語大理矣天下之水莫大於海萬川歸之不知何時止而不盈尾閭泄之不知何時已而不虛春秋不變水旱不知此其過江河之流不可為量數而吾未嘗以此自多者自以比形於天地而受氣於陰陽吾在天地之間猶小石小

木之在大山也方存乎見少又奚以自多夫聖人之道渾合而一致其深不可測而其廣不可窮用之所以不竭而積之所以不盈其餘潤可以濟天下其末流可用為國家無有不容無有不至此聖人之道也及夫道散而不能與世世衰而不能與道諸子汎起而浩然流蕩此莊子所以有河伯欣然之言也夫河伯欣然者所以況諸子喜其道之得行也諸子雖喜其道之盛行安知有聖人之道在焉此莊子所以有

河伯東行而至於北海之言也然而聖人之道天下莫不宗也萬物莫不由也沖而未嘗盈用而未嘗知自古以固存而治亂不變其所以過於諸子之道甚遠矣而聖人未嘗自衒其廣深幽妙而獨居其多此所以終始無窮也故曰天下之水莫大於海萬川歸之不知何時止而不盈尾閭泄之不知何時已而不虛春秋不變水旱不知此其過江河之流不可爲量數而吾未曰以此自多者自以此形於天地而受氣於

陰陽吾在天地之間由小石小木之在大山也方存乎見少又奚以自多計四海之在天地之間也不似礨空之在大澤乎計中國之在海內不似稊米之在太倉乎號物之數謂之萬人處一焉人卒九州穀食之所生舟車之所通人處一焉此其比萬物也不似豪末之在於馬體乎五帝之所連三王之所爭仁人之所憂任士之所勞盡此矣伯夷辭之以為名仲尼語之以為博此其自多也不似爾向之自多於水乎河伯曰然

則吾大天地而小豪末可乎北海若曰否夫物量無窮時無止分無常終始無故是故大知觀於遠近故小而不寡大而不多知量無窮證曏今故故遥而不悶掇而不跂知時無止察乎盈虛故得而不喜失而不憂知分之無常也明乎坦塗故生而不悅死而不禍知終始之不可故也計人之所知不若其所不知其生之時不若未生之時以其至小求窮其至大之域是故迷亂而不能自得也由此觀之又何以知豪末之足以定至細之倪又

卷九第十四

何以知天地之足以窮至大之域河伯曰世之議者皆曰至精無形至大不可圍是信情乎北海若曰夫自細視大者不盡自大視細者不明

夫用明而察秋毫則蔽於秋毫而見於丘山不盡也注目而觀丘山則蔽於丘山而見於秋毫不明也故曰自細視大者不盡自大視細者不明此皆見其所見而所見有不及視其所視而所視有所遺也豈若藏其明乎若是則萬物了然見之矣

夫精小之微也垺大之殷也故異便此勢之有也夫精粗者期於有形者也無形者數之所不能分也不可圍者數之所不能窮也可以言論者物之粗也可以意致者物之精也言之所不能論意之所不能察致者不期精粗焉

惡八

十二

精者粗之細粗者精之迹由未離於形質也故曰夫精粗者期於有形者也惟其無形則巧曆不能計惟其不可圍則至明不能度寂然深妙而心得之者則精粗兩忘

矣此北海若語道之極致也故曰無形者數之所不能分不可圍者數之所不能窮也又曰言之所不能論意之所不能察致者不期精粗焉

是故大人之行不出乎害人不多仁恩動不爲利不賤門隸貨財弗爭不多辭讓事焉不借人不多食乎力不賤貪汚行殊乎俗不多辟異爲在從衆不賤佞諂世之爵祿不足以爲勸戮恥不足以爲辱知是非之不可爲分細大之不可爲倪聞曰道人不聞至德不得

大人無已約分之至也河伯曰若物之外若物之內惡至而倪貴賤惡至而倪小大北海若曰以道觀之物無貴賤以物觀之自貴而相賤以俗觀之貴賤不在已以差觀之因其所大而大之則萬物莫不大因其所小而小

之則萬物莫不小知天地之爲稊米也知毫末之爲丘山也則差數觀矣

天下之俗惑諸子之道而有我者也有我則有彼我小大之辯而不能齊諧也莊子至此而託北海若之言而寓其齊諧之意

也夫天下之物同出於道而其不同者形質小大之殊也故天地大於丘山丘山大於毫末也以道達觀則均為物耳安知丘山不大於天地而毫末不大於丘山又何較其形質之小大而分彼我小大之辯乎故曰知天地之為稊米也知毫末之為丘山也

以功觀之因其所有而有之則萬物莫不有因其所無而無之則萬物莫不無知東西之相反而不可以相無則功分定矣以趣觀之

因其所然而然之則萬物莫不然因其所非而非之則萬物莫不非知堯桀之自然而相非則趣操覩矣昔者堯舜讓而帝之噲讓而絶湯武爭而王白公爭而滅由此觀之爭讓之禮堯桀之行貴賤有時未可以爲常也梁麗可以衝城而不可以窒穴言殊器也騏驥驊騮一日而馳千里捕鼠不如狸狌言殊技也鴟鵂夜撮蚤察豪末晝出瞋目而不見丘山言殊性也故曰蓋師是而無非師治而無亂乎是未明天地之理萬物之情者是故師

天而無地師陰而無陽其不可行明矣然則語而不舍非愚則誣也帝王殊禪三代殊繼差其時逆其俗者謂之篡夫當其時順其俗者謂之義之徒默默乎河伯汝惡知貴賤之門小大之家河伯曰然則我何爲乎何不爲

惡八 十四

乎吾辭受趣舍吾終柰何北海若曰以道觀之何貴何賤是謂反衍無拘而志與道大蹇何少何多是謂謝施無一而行與道參差嚴乎若國之有君其無私德繇繇乎若祭之有社其無私福汎汎乎其若四方之無窮其無

南華真經新傳

所畛域兼懷萬物其孰承翼是謂無方萬物一齊孰短孰長道無終始物有死生不恃其成一虛一滿不位乎其形年不可舉時不可止消息盈虛終則有始是所以語大義之方論萬物之理也物之生也若驟若馳無動而不變無時而不移何爲乎何不爲乎夫固將自化河伯曰然則何貴於道邪北海若曰知道者必達於理達於理者必明於權明於權者不以物害己

夫無所不通者知道也知道而不能外是

者達理也不能外是而又能應變者明於權也能應變而豈以物而爲累乎故形之所以常全也故曰知道者必達於理達於理者必明於權明於權者不以物害已故道所以爲理權之體而權所以爲理道之用不相須不能相濟也

至德者火弗能熱水弗能溺寒暑弗能害禽獸弗能賊非謂其薄之也言察乎安危寧於禍福謹於去就莫之能害也

至德者所謂至人也至人與物無迕而物

莫能傷水火寒暑禽獸豈能加害歟故曰至德者火弗能熱水弗能溺寒暑弗能害禽獸弗能賊然而至人者非必能使水火寒暑禽獸之不害已也蓋任之自然而不輕犯也故曰非謂其薄之也來則不避而去則不冒也故曰察乎安危待之以誠而安於生死也故曰寧於禍福與之俱出俱入而不逆理也故曰謹於去就

故曰天在內人在外德在乎天知天人之行本乎天位乎得蹢躅而屈伸反要而語極曰

○何謂天何謂人北海若曰牛馬四足是謂天○落馬首穿牛鼻是謂人故曰無以人滅天無以故滅命無以得殉名謹守而勿失是謂反其眞夔憐蚿蚿憐蛇蛇憐風風憐目目憐心夔謂蚿曰吾以一足趻踔而行予無如矣今子之使萬足獨柰何蚿曰不然子不見夫唾者乎噴則大者如珠小者如霧雜而下者不可勝數也今予動吾天機而不知其所以然蚿謂蛇曰吾以衆足行而不及子之無足何也蛇曰夫天機之所動何可易邪吾安用足

哉蛇謂風曰予動吾脊脅而行則有似也今子蓬蓬然起於北海蓬蓬然入於南海而似無何有也風曰然予蓬蓬然起於北海而入於南海也然而指我則勝我鰌我亦勝我雖然夫折大木蜚大屋者唯我能也故以衆小不勝爲大勝也爲大勝者唯聖人能之孔子遊於匡宋人圍之數匝而弦歌不惙子路入見曰何夫子之娛也孔子曰來吾語汝我諱窮久矣而不免命也求通久矣而不得時也當堯舜而天下無窮人非知得也當桀紂而

天下無通人非知失也時勢適然夫水行不避蛟龍者漁父之勇也陸行不避兕虎者獵夫之勇也白刃交於前視死若生者烈士之勇也知窮之有命知通之有時臨大難而不懼者聖人之勇也由處矣吾命有所制矣無幾何將甲者進辭曰以為陽虎也故圍之今非也請辭而退公孫龍問於魏牟曰龍少學先王之道長而明仁義之行合同異離堅白然不然可不可困百家之知窮衆口之辯吾自以為至達已今吾聞莊子之言汒焉異之

南華真經新傳

不知論之不及與知之弗若與今吾無所開吾喙敢問其方公子牟隱机太息仰天而笑曰子獨不聞夫埳井之鼃乎謂東海之鼈曰吾樂與吾跳梁乎井幹之上入休乎缺甃之崖赴水則接掖持頤蹶泥則沒足滅跗還虷

蟹與科斗莫吾能若也且夫擅一壑之水而跨跱埳井之樂此亦至矣夫子奚不時來入觀乎東海之鼈左足未入而右膝已縶矣於是逡巡而却告之海曰夫千里之遠不足以舉其大千仞之高不足以極其深禹之時十

年九潦而水弗爲加益湯之時八年七旱而崖不爲加損夫不爲頃久推移不以多少進退者此亦東海之大樂也於是埳井之鼃聞之適適然驚規規然自失也且夫知不知是非之竟而猶欲觀於莊子之言是猶使蚉負山商蚷馳河也必不勝任矣且夫知不知論極妙之言而自適一時之利者是非埳井之鼃與且彼方跐黄泉而登大皇無南無北奭然四解淪於不測無東無西始於玄冥反於大通子乃規規然而求之以察索之以辯是

直用管規天用錐指地也不亦小乎子往矣且子獨不聞夫壽陵餘子之學行於邯鄲與未得國能又失其故行矣直匍匐而歸耳今子不去將忘子之故失子之業公孫龍口呿而不合舌舉而不下乃逸而走莊子釣於濮水楚王使大夫二人往先焉曰願以竟內累矣莊子持竿不顧曰吾聞楚有神龜死已三千歲矣王巾笥而藏之廟堂之上此龜者寧其死爲留骨而貴乎寧其生而曳尾於塗中乎二大夫曰寧生而曳尾於塗中莊子曰往

矣吾將曳尾於塗中惠子相梁莊子往見之或謂惠子曰莊子來欲代子相於是惠子恐搜於國中三日三夜莊子往見之曰南方有鳥其名鵷鶵子知之乎夫鵷鶵發於南海而飛於北海非梧桐不止非練食不食非醴泉不飲於是鴟得腐鼠鵷鶵過之仰而視之曰嚇今子欲以子之梁國而嚇我邪莊子與惠子遊於濠梁之上莊子曰儵魚出遊從容是魚樂也惠子曰子非魚安知魚之樂莊子曰子非我安知我不知魚之樂惠子曰我非子

固不知子矣子固非魚也子之不知魚之樂全矣莊子曰請循其本子曰汝安知魚樂云者旣已知吾知之而問我我知之濠上也

莊子作此篇爽世俗目異於物而中寓其齊諧之意及其篇終而復言其知魚之樂與齊物終於夢爲胡蝶之意同讀莊子者宜求莊子之意也

南華眞經新傳卷之九

卷九第二十三

南華真經新傳卷之十　　　　惡九

宋　王　元　澤　傳

至樂篇

夫能去異學守正性忘己而與物齊諸者則生死富貴窮達壽夭不能介蔕於胷中怡然逍遥於天地之間矣此莊子因而作至樂篇

天下有至樂無有哉有可以活身者無有哉今奚為奚據奚避奚處奚就奚去奚樂奚惡夫天下之所尊者富貴壽善也所樂者身安

厚味美服好色音聲也所下者貧賤夭惡也所苦者身不得安逸口不得厚味形不得美服目不得好色耳不得音聲若不得者則大憂以懼其爲形也亦愚哉夫富者苦身疾作多積財而不得盡用其爲形也亦外矣夫貴者夜以繼日思慮善否其爲形也亦疏矣人之生也與憂俱生壽者惽惽久憂不死何之苦也其爲形也亦遠矣烈士爲天下見善矣未足以活身吾未知善之誠善邪誠不善邪若以爲善矣不足活身以爲不善矣足以活

人故曰忠諫不聽蹲循勿爭故夫子胥爭之以殘其形不爭名亦不成誠有善無有哉今俗之所爲與其所樂吾又未知樂之果樂邪果不樂邪吾觀夫俗之所樂舉羣趣者誙誙然如將不得已而皆曰樂者吾未之樂也亦未知不樂也果有樂無有哉吾以無爲誠樂矣又俗之所大苦也

夫萬物不足以憂者至樂也至樂者非由自外而入也非由感音而生也出於忘己無爲而天下不能知之也故曰天下有至

樂無有哉惟能忘巳無爲則至樂自有有
至樂則可以全身身全而豈爲無樂歟故
曰有可以活身者無有哉然而天下之世
俗不知至樂之所出徒以富貴壽善衣食
聲色之備爲其樂故得之則勞形喪生耽
惡九 二
之而不誤失之則刻意傷生求之而不止
是爲大惑而巳矣安知至樂之其樂也內
爲樂之其樂也外乎此莊子所以有爲形
亦愚亦外亦疏亦遠之言矣
故曰至樂無樂至譽無譽天下是非果未可

定也雖然無爲可以定是非至樂活身唯無爲幾存請嘗試言之天無爲以之清地無爲以之寧故兩無爲相合萬物皆化芒乎芴乎而無從出乎芴乎芒乎而無有象乎萬物職職皆從無爲殖故曰天地無爲也而無不爲也人也孰能得無爲哉

至樂生於無爲無爲則非有樂也故曰至樂無樂至譽出於難名難名則非爲有譽也故曰至譽無譽然而無爲者合於天地之道也天地無爲而任物之生成安有勞

苦之困歟此其所以爲樂之至也人能無爲則亦爲樂之至人安得於無爲乎故曰天無爲以之淸地無爲以之寧故兩無爲相合萬物皆化又曰人也孰得無爲哉此莊子譏於世俗也

莊子妻死惠子弔之莊子則方箕踞鼓盆而歌惠子曰與人居長子老身死不哭亦足矣又鼓盆而歌不亦甚乎莊子曰不然是其始死也我獨何能無槩然察其始而本無生非徒無生也而本無形非徒無形也而本無氣

雜乎芒芴之間變而有氣氣變而有形形變而有生今又變而之死是相與爲春秋冬夏四時行也人且偃然寢於巨室而我噭噭然隨而哭之自以爲不通乎命故止也

夫至人以生死爲往來故生不喜其成而死不哀其毀莊子妻死而箕踞鼓盆而不哭者蓋了於生死之常而至樂也與孟子反子琴張編曲鼓琴之意同

○支離叔與滑介叔觀於冥伯之丘崑崙之虛黃帝之所休俄而柳生其左肘其意蹶蹶然

惡之支離叔曰子惡之乎滑介叔曰亡予何惡生者假借也假之而生生者塵垢也死生爲晝夜且吾與子觀化而化及我我又何惡焉

支離叔者言其形不正也滑介叔者言其心無智也此莊子製二子之名而寓其意夫形不正者能忘於形心無智者能忘於智忘形忘智則其於死生了然矣是以二子同遊觀於冥伯之丘崐崘之虛黄帝之所休而以觀變化之妙也夫觀變化者達

觀其生死之變也能達生死之變則外物安足累我乎雖柳生於滑介叔之左肘而亦不爲之惡也故曰我又何惡若二子者可謂萬物不足以憂之而內能全於至樂也

莊子之楚見空髑髏髐然有形撽以馬捶因而問之曰夫子貪生失理而爲此乎將子有亡國之事斧鉞之誅而爲此乎將子有不善之行愧遺父母妻子之醜而爲此乎將子有凍餒之患而爲此乎將子之春秋故及此乎

於是語卒援髑髏枕而卧夜半髑髏見夢曰子之談者似辯士諸子所言皆生人之累也死則無此矣子欲聞死之説乎莊子曰然髑髏曰死無君於上無臣於下亦無四時之事從然以天地爲春秋雖南面王樂不能過也莊子不信曰吾使司命復生子形爲子骨肉肌膚反子父母妻子閭里知識子欲之乎髑髏深矉蹙頞曰吾安能棄南面王樂而復爲人間之勞乎

夫生者一氣之暫聚死者一氣之暫散生

未必無爲而死未必有爲未必無爲者至樂所以鈌未必有爲者至樂所以全此莊子所以有髑髏不棄南面之樂之言也夫六骸者寓之於身也生則隨氣而暫聚死則隨氣而暫散聚散皆非我之所有我又

何自有而有我乎自有而有我則未能忘形也不能忘形則有爲也有爲而與物相靡刃則至樂安能內全歟此髑髏之不欲復爲於人也

○顏淵東之齊孔子有憂色子貢下席而問曰

小子敢問回東之齊夫子有憂色何邪孔子曰善哉汝問昔者管子有言丘甚善之曰褚小者不可以懷大綆短者不可以汲深夫若是者以爲命有所成而形有所適也夫不可損益吾恐回與齊侯言堯舜黃帝之道而重以燧人神農之言彼將内求於已而不得不得則惑人惑則死且汝獨不聞邪昔者海鳥止於魯郊魯侯御而觴之于廟奏九韶以爲樂具太牢以爲膳鳥乃眩視憂悲不敢食一臠不敢飲一杯三日而死此以已養養鳥也

非以鳥養養鳥也夫以鳥養養鳥者宜棲之深林遊之壇陸浮之江湖食之鰌鯈隨行列而止委蛇而處彼唯人言之惡聞奚以夫譊譊爲乎咸池九韶之樂張之洞庭之野鳥聞之而飛獸聞之而走魚聞之而下入人卒聞之相與還而觀之魚處水而生人處水而死彼必相與異其好惡故異也故先聖不一其能不同其事名止於實義設於適是之謂條達而福持

燧人神農黄帝堯舜之道非聖人不足與

言之齊侯中材之君也安足與言此道乎此顔回之齊而孔子所以有憂色也夫非聖人而與言聖人之道適使心之致惑也心惑則求之不止而傷生傷生則至于死而已至樂安得而全歟故曰惑則死安若

順其材而語之以中庸之道乎如此則不惑而生全生全則樂亦從而全此孔子所以有以鳥養養鳥之喻也

列子行食於道從見百歲髑髏攓蓬而指之曰唯予與汝知而未嘗死未嘗生也若果養

南華真經新傳

乎予果歡乎種有幾得水則為㡭得水土之際則為鼃蠙之衣生於陵屯則為陵舄陵舄得鬱棲則為烏足烏足之根為蠐螬其葉為胡蝶胡蝶胥也化而為蟲生於竈下其狀若脫其名為鴝掇鴝掇千日為鳥其名為乾餘骨乾餘骨之沫為斯彌斯彌為食醯頤輅生乎食醯黃軦生乎九猷瞀芮生乎腐蠸羊奚比乎不箰久竹生青寧青寧生程程生馬馬生人人又反入於機萬物皆出於機皆入於機

卷十第八

至人者寘於生死之極而以生爲不生以死爲不死不生所以生不死所以存此列子所以見髑髏而有予與汝未嘗死未嘗生之言也夫未嘗生者能生生未嘗死者能化化故繼言萬物生成變化之無終也然萬物生成變化之無終其出入皆由於機也機者道之妙本而萬物安有名由乎故由萬物皆出於機皆入於機夫萬物出入皆由於機也其生成豈不爲樂乎此莊子言之於終也

南華真經新傳

達生篇

夫外形骸忘彼我全於無樂之至樂則其於性命之情盡之矣此莊子因而作達生篇

達生之情者不務生之所無以爲達命之情者不務知之所無柰何養形必先之物物有餘而形不養者有之矣有生必先無離形形不離而生亡者有之矣生之來不能却其去不能止悲夫世之人以爲養形足以存生而養形果不足以存生則世奚足爲哉雖不足

爲而不可不爲者其爲不免矣夫欲免爲形者莫如棄世棄世則無累無累則正平正平則與彼更生更生則幾矣

夫生者時之暫來受之有涯也命者天之所付也且然無間也知其暫來則所謂達生之情也知其所付則所謂達命之情也知其有涯而不以外物而傷之所謂不務生之所無以爲也知其無間而不用智巧而蹈悔所謂不務知之所無柰何何也然而生必有形形必得養裁其非類而養之

所謂養形必先之物也養形役物而無厭則物翕贍而形必喪故曰物有餘而形不養者有矣夫形者生之所寓也非我所有也我謂有而不能自忘之所謂有生必先無離形也形既不忘而自有則形愈虧而

生必喪故曰形不離而生亡者有之矣惟能忘生而又能忘形則適來之謂時而適去必能順也故曰生之來不能卻其去不可止夫莊子之書其篇有名養生者有名達生者養之者自內而達之者及外以其

自内而故以養生爲内篇以其及外而故以達生爲外篇此周爲書之意也

事奚足棄而生奚足遺棄事則形不勞遺生則精不虧夫形全精復與天爲一天地者萬物之父母也合則成體散則成始形精不虧是謂能移精而又精反以相天

事無窮生有涯以有涯而應無窮則力不贍而命殆矣惟能棄事而任自然忘生而處無爲則逍遥自得而神王矣故曰棄事則形不勞遺生則精不虧形不勞者形所

以全也精不虧者精所以復也全則反於眞復則歸於靜如此則與天無異也故曰形全精復與天爲一與天爲一則物最之也故曰天地者萬物之父母也爲物之父母而能生成於物故曰合則成體散則成始始者言其生而體者言其成生成萬物而不勞形損精而與化之密移是謂至精之精而歸於自然而然矣故曰形精不虧是謂能移精而又精反以相天

子列子問關尹曰至人潛行不窒蹈火不熱

行乎萬物之上而不慄請問何以至於此關尹曰是純氣之守也非知巧果敢之列居予語女凡有貌象聲色者皆物也物與物何以相遠夫奚足以至乎先是色而已則物之造乎不形而止乎無所化夫得是而窮之者物焉得而止焉彼將處乎不淫之度而藏乎無端之紀遊乎萬物之所終始

夫至人者虛心應物而無不通也故曰潛行不窒待物以誠而物莫傷也故曰蹈火不熱反以相天而心無累也故曰行乎萬

物之上而不慄然而至人如此者由精神之不虧也非智勇之用也故曰是純氣之所守也非智巧果敢之

壹其性養其氣合其德以通乎物之所造夫若是者其天守全其神無郤物奚自入焉

壹其性者不跂其本也養其氣者不出其和也合其德者守於自德也不跂其本則正正所以存不出其和則眞純所以全守於自得則過失所以忘如此則眞君虛靜而明於萬物之始故曰以通乎物之所造

至人若是而其道所以曲全而其妙所以不測萬物焉能撓役乎故曰夫若是者其神無郤物奚自入焉

夫醉者之墜車雖疾不死骨節與人同而犯害與人異其神全也乘亦不知也墜亦不知也死生驚懼不入乎其胷中是故遻物而不慴彼得全於酒而猶若是而況得全於天乎聖人藏於天故莫之能傷也復讎者不折鏌干雖有忮心者不怨飄瓦是以天下平均故無攻戰之亂無殺戮之刑者由此道也不開

人之天而開天之天開天者德生開人者賊生不厭其天不忽於人民幾乎以其眞仲尼適楚出於林中見痀僂者承蜩猶掇之也仲尼曰子巧乎有道邪曰我有道也五六月累丸二而不墜則失錙銖累三而不墜則失者十一累五而不墜猶掇之也吾處身也若厥株拘吾執臂也若槁木之枝雖天地之大萬物之多而唯蜩翼之知吾不反不側不以萬物易蜩之翼何爲而不得孔子顧謂弟子曰用志不分乃凝於神其痀僂丈人之謂乎顛

淵問仲尼曰吾嘗濟乎觴深之淵津人操舟
若神吾問焉曰操舟可學邪曰可善游者數
能若乃夫沒人則未嘗見舟而便操之也吾
問焉而不吾告敢問何謂也仲尼曰善游者
數能忘水也若乃夫沒人之未嘗見舟而便
惡九 十一
操之也彼視淵若陵視舟之覆猶其車却也
覆却萬方陳乎前而不得入其舍惡往而不
暇以瓦注者巧以鉤注者憚以黃金注者殙
其巧一也而有所矜則重外也凡外重者內
拙

夫承蜩操舟技之至末也由能用志而精之精之則乃幾於神也而況全生之道乎夫生者事之至大也人能用志而全之全之乃入於神也世俗不能用志而全之此莊子所以寓言仲尼之歎承蜩顏淵之美操舟也

田開之見周威公威公曰吾聞祝腎學生吾子與祝腎遊亦何聞焉田開之曰開之操拔篲以侍門庭亦何聞於夫子威公曰田子無讓寡人願聞之開之曰聞之夫子曰善養生

者若牧羊然視其後者而鞭之威公曰何謂也田開之曰魯有單豹者巖居而水飲不與民共利行年七十而猶有嬰兒之色不幸遇餓虎餓虎殺而食之有張毅者高門縣薄無不走也行年四十而有内熱之病以死豹養其内而虎食其外毅養其外而病攻其内此二子者皆不鞭其後者也

夫生必有形形必有體體所以分於内外也全生者均養其内外則内外兩全而生所以存也若專養其内而忘其外則外與

南華真經新傳

物迕而不免於累此單豹所以亡軀於虎若專養於外而忘其內則內必焚和而不免於累此張毅所以没身於病也二子者皆不中於道而罹其害此田開之所以有牧羊之喻也

惡九 十二

仲尼曰無入而藏無出而陽柴立其中央三者若得其名必極夫畏塗者十殺一人則父子兄弟相戒也必盛卒徒而後敢出焉不亦知乎人之所取畏者衽席之上飲食之間而不知為之戒者過也祝宗人玄端以臨牢筴

說彘曰汝奚惡死吾將三月豢汝十日戒三
日齊藉汝白茅加汝肩尻乎彫俎之上則汝
爲之乎爲彘謀曰不如食以糠糟而錯之牢
筴之中自爲謀則苟生有軒冕之尊死得於
腞楯之上聚僂之中則爲之爲彘謀則去之
自爲謀則取之所異彘者何也桓公田於澤
管仲御見鬼焉公撫管仲之手曰仲父何見
對曰臣無所見公反誒詒爲病數日不出齊
士有皇子告敖者曰公則自傷鬼惡能傷公
夫忿滀之氣散而不反則爲不足上而不下

南華真經新傳

則使人善怒下而不上則使人善忘不上不下中身當心則爲病桓公曰然則有鬼乎曰有沈有履竈有髻户内之煩壤雷霆處之東北方之下者倍阿鮭蠪躍之西北方之下者則泆陽處之水有罔象丘有峷山有夔野有

彷徨澤有委蛇公曰請問委蛇之狀何如皇子曰委蛇其大如轂其長如轅紫衣而朱冠其爲物也惡聞雷車之聲則捧其首而立見之者殆乎霸桓公辴然而笑曰此寡人之所見者也於是正衣冠與之坐不終日而不知

病之去也紀渻子爲王養鬭雞十日而問雞已乎曰未也方虛憍而恃氣十日又問曰未也猶應嚮景十日又問曰未也猶疾視而盛氣十日又問曰幾矣雞雖有鳴者已無變矣望之似木雞矣其德全矣異雞無敢應者反走矣

紀渻子之養雞梓慶之爲鐻皆能全其天眞而順其自然也夫天眞全則所以德全而合於天故雞遂至於無敢應而鐻成而疑於神也

南華真經新傳

孔子觀於呂梁縣水三十仞流沫四十里黿鼉魚鼈之所不能游也見一丈夫游之以爲有苦而欲死也使弟子並流而拯之數百步而出被髮行歌而游於塘下孔子從而問焉曰吾以子爲鬼察子則人也請問蹈水有道乎曰亡吾無道吾始乎故長乎性成乎命與齊俱入與汩偕出從水之道而不爲私焉此吾所以蹈之也孔子曰何爲始乎故長乎性成乎命曰吾生於陵而安於陵故也長於水而安於水性也不知吾所以然而然命也梓

慶削木爲鐻鐻成見者驚猶鬼神魯侯見而
問焉曰子何術以爲焉對曰臣工人何術之
有雖然有一焉臣將爲鐻未嘗敢以耗氣也
必齋以靜心齋三日而不敢懷慶賞爵祿齋
五日不敢懷非譽悉九巧拙齋七日輒十四然忘吾有
四枝形體也當是時也無公朝其巧專而外
骨消然後入山林觀天性形軀至矣然後成
見鐻然後加手焉不然則已則以天合天器
之所以疑神者其是與東野稷以御見莊公
進退中繩左右旋中規莊公以爲文弗過也

南華真經新傳

使之鉤百而反顔闔遇之入見曰稷之馬將敗公密而不應少焉果敗而反公曰子何以知之曰其馬力竭矣而猶求焉故曰敗工倕旋而蓋規矩指與物化而不以心稽故其靈臺一而不桎忘足屨之適也忘要帶之適也知忘是非心之適也不內變不外從事會之適也始乎適而未嘗不適者忘適之適也有孫休者踵門而詫子扁慶子曰休居鄉不見謂不脩臨難不見謂不勇然而田原不遇歲事君不遇世賓於鄉里逐於州部則胡罪乎

天哉休惡遇此命也扁子曰子獨不聞夫至人之自行邪忘其肝膽遺其耳目茫然彷徨乎塵垢之外逍遥乎無事之業是謂為而不恃長而不宰今汝飾知以驚愚脩身以明汙昭昭乎若揭日月而行也汝得全而形軀具而九竅無中道夭於聾盲跛蹇而比於人數亦幸矣又何暇乎天之怨哉子往矣孫子出扁子入坐有間仰天而歎弟子問曰先生何為歎乎扁子曰向者休來吾告之以至人之德吾恐其驚而遂至於惑也弟子曰不然孫

南華真經新傳

子之所言是邪先生之所言非邪非固不能惑是孫子所言非邪先生所言是邪彼固惑而來矣又奚罪焉扁子曰不然昔者有鳥止於魯郊魯君説之爲具太牢以饗之奏九韶以樂之鳥乃始憂悲眩視不敢飲食此之謂以己養養鳥也若夫以鳥養養鳥者宜棲之深林浮之江湖食之以委蛇則平陸而已矣今休款啓寡聞之民也吾告以至人之德譬之若載鼷以車馬樂鴳以鐘鼓也彼又惡能無驚乎哉

○全生之道非至人不能知之矣非至人而與語全生之道是養鳥以太牢九韶之具也安能使無驚懼之心歟此扁子所以慮孫休之惑也夫莊子之作此篇以覺世俗未悟全生之理也而世俗者未可卒告之以全生之道故終於扁子之所歎而寓其所作之意也若莊子者可謂能盡其意者乎

山木篇

夫能達生之情而無爲無爲則歸於虛靜

南華真經新傳

寂寞而材全材全則不斬乎用矣此莊子因而作山木篇

莊子行於山中見大木枝葉盛茂伐木者止其旁而不取也問其故曰無所可用莊子曰此木以不材得終其天年夫子出於山舍於故人之家故人喜命豎子殺鴈而烹之豎子請曰其一能鳴其一不能鳴請奚殺主人曰殺不能鳴者明日弟子問於莊子曰昨日山中之木以不材得終其天年今主人之鴈以不材死先生將何處莊子笑曰周將處夫材

惡九 十六

與不材之間材與不材之間似之而非也故未免乎累若夫乘道德而浮遊則不然無譽無訾一龍一蛇與時俱化而無肯專爲一上一下以和爲量浮遊乎萬物之祖物物而不物於物則胡不得而累邪此神農黃帝之法則也若夫萬物之情人倫之傳則不然合則離成則毁廉則挫尊則議有爲則虧賢則謀不肖則欺胡可得而必乎哉悲夫弟子志之其唯道德之鄉乎

夫命者材之體材者命之用材所以殊小

南華真經新傳

大而用所以分有無聖人之材大材也材大則材全而已矣材全而以無用為用則能全生此山木以不材而得終其天年也世俗之材小材也材小則材缺而已矣材缺而亦以無用為用則反喪生此山舍之

惡九 乇乇

鴈以不能鳴而見烹也夫鴈之不能鳴亦似山木之不材也似之而未為其全材是以不免於患也故曰材與不材之間似之而非之也故未免乎累

市南宜僚見魯侯魯侯有憂色市南子曰君

有憂色何也魯侯曰吾學先王之道脩先君之業吾敬鬼尊賢親而行之無須臾離居然不免於患吾是以憂市南子曰君之除患之術淺矣夫豐狐文豹棲於山林伏於巖穴靜也夜行晝居戒也雖飢渴隱約猶且胥踈於江湖之上而求食焉定也然且不免於網羅機辟之患是何罪之有哉其皮為之災也今魯國獨非君之皮邪吾願君刳形去皮灑心去欲而遊於無人之野南越有邑焉名為建德之國其民愚而朴少私而寡欲知作而不

知藏與而不求其報不知義之所適不知禮之所將猖狂妄行乃蹈乎大方其生可樂其死可葬吾願君去國捐俗與道相輔而行君曰彼其道遠而險又有江山我無舟車柰何市南子曰君無形倨無留居以為君車君曰彼其道幽遠而無人吾誰與為鄰吾無糧我無食安得而至焉市南子曰少君之費寡君之欲雖無糧而乃足君其涉於江而浮於海望之而不見其崖愈往而不知其所窮送君者皆自崖而反君自此遠矣故有人者累見

有於人者憂故堯非有人非見於有人也吾
願去君之累除君之憂而獨與道遊於大莫
之國方舟而濟於河有虛船來觸舟雖有惼
心之人不怒有一人在其上則呼張歙之一
呼而不聞再呼而不聞於是三呼邪則必以
惡九　十八
惡聲隨之向也不怒而今也怒向也虛而今
也實人能虛己以遊世其孰能害之
夫材全則所以知命知命則所以不憂魯
侯之材不全而不能知於命所以有憂色
而已夫憂者生於物之所累也魯侯物於

國而其國所以為之累此市南子引豐狐文豹皮為之災而諭之也人欲使其國不能為累者莫若無心於物而任其自然無意於民而任其自化汎然游於自得之場而處於至虛之域則其材所以自全而其用歸於無用乃入於寥天而孰能為

乎故曰君自此遠矣又曰虛已以遊

孰能害之此市南子語魯侯以深根固蔕無為清淨之道也

北宮奢為衛靈公賦歛以為鍾為壇乎郭門

之外三月而成上下之縣王子慶忌見而問
焉曰子何術之設奢曰一之間無敢設也奢
聞之既雕既琢復歸於朴侗乎其無識儻乎
其怠疑萃乎芒乎其送往而迎來來者勿禁往
者勿止從其彊梁隨其曲傳因其自窮故朝
懸九　十九
夕賦歛而豪毛不挫而況有大塗者乎
夫道一而不可不變也變而復歸於真也
生物而任其自生也成物而任其自成也
不加不損而與物無迕也無爲無用而莫
知其終也此皆至道之妙體而得之足以

全生矣此北宮奢所以寓之於爲鍾爲壇
之間也故曰而況有大塗者乎
孔子圍於陳蔡之間七日不火食太公任往
弔之曰子幾死乎曰然子惡死乎曰然任曰
予嘗言不死之道東海有鳥焉其名曰意怠
其爲鳥也翂翂翐翐而似無能引援而飛迫
脅而棲進不敢爲前退不敢爲後食不敢先
嘗必取其緒是故其行列不斥而外人卒不
得害是以免於患直木先伐甘井先竭子其
意者飾知以驚愚修身以明汙昭昭乎如揭

日月而行故不免也昔吾聞之大成之人曰自伐者無功功成者墮名成者虧孰能去功與名而還與衆人道流而不明居得行而不名處純純常常乃比於狂削迹捐勢不爲功名是故無責於人人亦無責焉至人不聞子何喜哉孔子曰善哉辭其交遊去其弟子逃於大澤衣裘褐食杼栗入獸不亂羣入鳥不亂行鳥獸不惡而況人乎孔子問子桑雽曰吾再逐於魯伐樹於宋削迹於衛窮於商周圍於陳蔡之間吾犯此數患親交益疏徒友

南華真經新傳

益散何與子桑雽曰子獨不聞假人之亡與林回棄千金之璧負赤子而趨或曰為其布與赤子之布寡矣為其累與赤子之累多矣棄千金之璧負赤子而趨何也林回曰彼以利合此以天屬也夫以利合者迫窮禍患害

相棄也以天屬者迫窮禍患害相收也夫相收之與相棄亦遠矣且君子之交淡若水小人之交甘如醴君子淡以親小人甘以絕彼無故以合者則無故以離孔子曰敬聞命矣徐行翔佯而歸絕學捐書弟子無挹於前其

愛益加進異日桑雩又曰舜之將死真泠禹曰汝戒之哉形莫若緣情莫若率緣則不離率則不勞不離不勞則不求文以待形不求文以待形固不待物莊子衣大布而補之正緳係履而過魏王魏王曰何先生之憊邪莊子曰貧也非憊也士有道德不能行憊也衣弊履穿貧也非憊也此所謂非遭時也王獨不見夫騰猿乎其得柟梓豫章也攬蔓其枝而王長其間雖羿逢蒙不能眄睨也及其得柘棘枳枸之間也危行側視振動悼慄此筋

南華真經新傳

骨非有加急而不柔也處世不便未足以逞其能也今處昏上亂相之間而欲無憊奚可得邪此比干之見剖心徵也夫孔子窮於陳蔡之間七日不火食左據槁木右擊槁枝而歌猋氏之風有其具而無其數有其聲而無

宮角木聲與人聲犂然有當於人之心顏回端拱還目而窺之仲尼恐其廣已而造大也愛己而造哀也曰回無受天損易無受人益難無始而非卒也人與天一也夫今之歌者其誰乎回曰敢問無受天損易仲尼曰飢渴

寒暑窮桎不行天地之行也運物之泄也言
與之偕逝之謂也為人臣者不敢去之執臣
之道猶若是而況乎所以待天乎何謂無受
人益難仲尼曰始用四達爵祿並至而不窮
物之所利乃非已也吾命有在外者也君子
不為盜賢人不為竊吾若取之何哉故曰鳥
莫知於鷾鴯目之所不宜處不給視雖落其
實棄之而走其畏人也而襲諸人間社稷存
焉爾何謂無始而非卒仲尼曰化其萬物而
不知其禪之者焉知其所終焉知其所始正

而待之而已耳何謂人與天一邪仲尼曰有人天也有天亦天也人之不能有天性也聖人晏然體逝而終矣莊周遊乎雕陵之樊覩一異鵲自南方來者翼廣七尺目大運寸感周之顙而集於栗林莊周曰此何鳥哉翼殷不逝目大不覩蹇裳躩步執彈而留之覩一蟬方得美蔭而忘其身螳蜋執翳而搏之見得而忘其形異鵲從而利之見利而忘其眞莊周怵然曰噫物固相累二類相召也捐彈而反走虞人逐而誶之莊周反入三月不庭

藺且從而問之夫子何爲頃間甚不庭乎莊周曰吾守形而忘身觀於濁水而迷於清淵且吾聞諸夫子曰入其俗從其俗今吾遊於雕陵而忘吾身異鵲感吾顙遊於栗林而忘眞栗林虞人以吾爲戮吾所以不庭也

形者天之委質也命之所累也惟其能忘形則足以忘物忘物則足以全命命全則足以全生惟其不能忘形則不能忘物不能忘物則不能全命不能全命則不能全生此莊周所有執彈鵲蟬螳蜋之言也夫

執彈彈鵲而忘栗林之禁此役於物而不能忘形也螳蜋搏蟬而忘異鵲之所利此利於得而不能全命也不能忘形而全命皆不免於憂患也安得生所以全歟此周之所以遽悟而不出門庭也

陽子之宋宿於逆旅逆旅人有妾二人其一人美其一人惡惡者貴而美者賤陽子問其故逆旅小子對曰其美者自美吾不知其美也其惡者自惡吾不知其惡也陽子曰弟子記之行賢而去自賢之行安往而不愛哉

夫欲全其性命終其天年者莫若外忘其形也形忘則所以自得而所適安有不得歟此陽子所以取逆旅小子之言也夫美者自美吾不知其美惡者自惡吾不知其惡者此皆外忘其形而美惡從而兩忘也

惡九　一十三

豈爲不全性命之情歟此莊子所以言之於篇終也

南華真經新傳卷之十

洞神部

玉訣類

積上

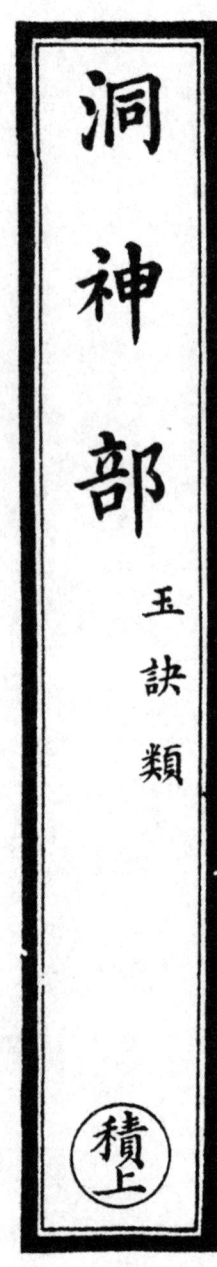

風軒憾

南華真經新傳卷之十一
積一

南華真經新傳卷之十二
積二

南華真經新傳卷之十三
積三

南華真經新傳卷之十四
積四

南華真經新傳卷之十五
積五

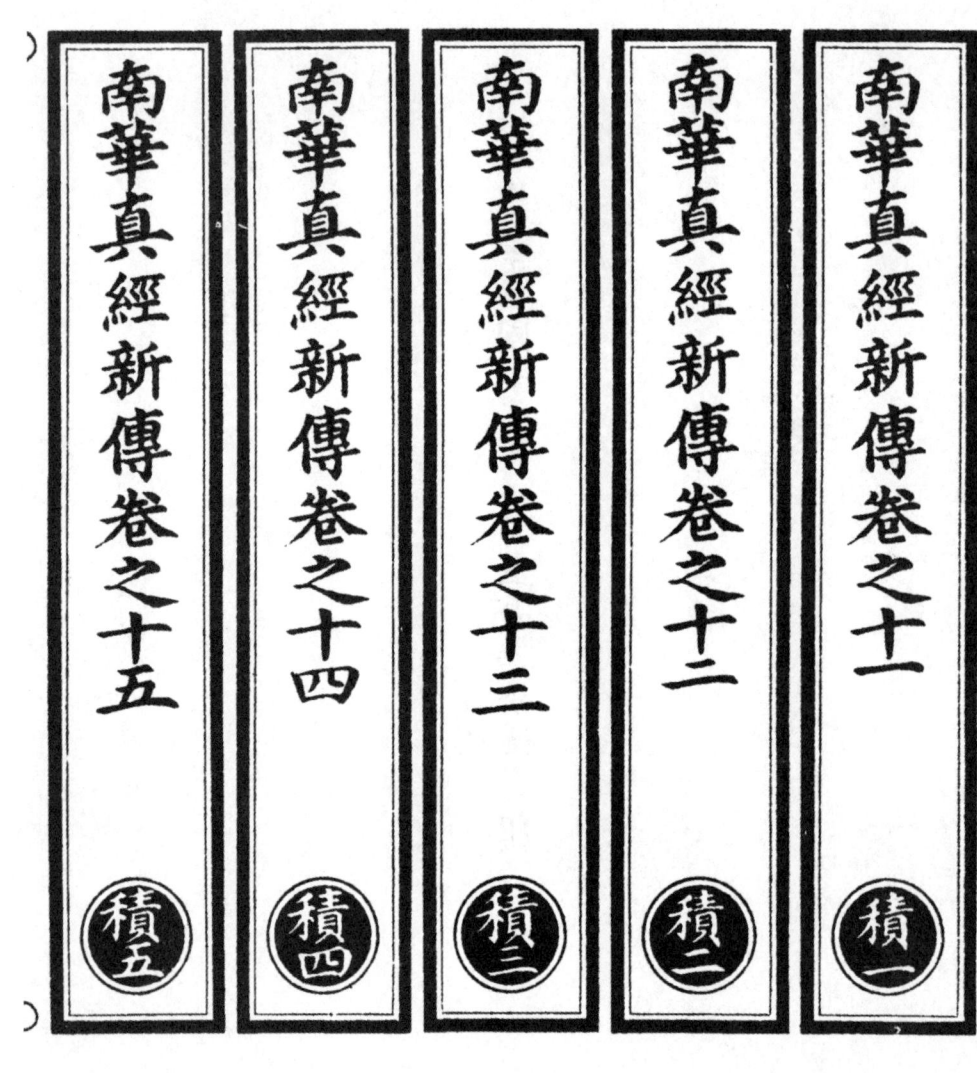

中華民國十三年八月上海涵芬樓影印

南華真經新傳卷之十一

宋　王元澤傳

田子方篇

夫真人者全至樂達生理以不材爲材無用爲用而不失真此魏無擇之師如此矣莊子因而作田子之篇

田子方侍坐於魏文侯數稱谿工文侯曰谿工子之師邪子方曰非也無擇之里人也稱道數當故無擇稱之文侯曰然則子無師邪子方曰有曰子之師誰邪子方曰東郭順子

文侯曰然則夫子何故未甞稱之子方曰其爲人也眞人貌而天虛緣而葆眞清而容物物無道正容以悟之使人之意也消無擇何足以稱之子方出文侯儻然終日不言召前立臣而語之曰遠矣全德之君子始吾以聖知之言仁義之行爲至美矣吾聞子方之師吾形解而不欲動口鉗而不欲言吾所學者眞土梗耳夫魏眞爲累耳

夫眞人者內直而不假於物也具體而任其無爲也故曰人貌而天虛靜而不失其

南華真經新傳

正也故曰虛緣而葆真湛然足以有容也故曰清而容物邪僻來干則示之以未始出吾宗而俾之自滅也故曰物無道正容以悟之使人之意也消此皆合於道之無名也無名安可强名乎此田子方所以言無擇何足以稱之世夫子方之師如此也萬物安足爲累乎此文侯自嗟其所學之非道而魏國之爲累也故曰吾所學者真土梗耳魏真爲我累耳

○温伯雪子適齊舍於魯魯人有請見之者温

伯雪子曰不可吾聞中國之君子明乎禮義而陋於知人心吾不欲見也至於齊反舍於魯是人也又請見温伯雪子往也蘄見我今也又蘄見我是必有以振我也出而見客入而歎明日見客又入而歎其僕曰每見之客

也必入而歎何也曰吾固告子矣中國之民明乎禮義而陋乎知人心昔之見我者進退一成規一成矩從容一若龍一若虎其諫我也似子其道我也似父是以歎也仲尼見之而不言子路曰吾子欲見温伯雪子久矣見

之而不言何邪仲尼曰若夫人者目擊而道存矣亦不可以容聲矣

真人者歛兮若朴也曠兮若谷也淵兮似萬物之宗也不可以智度不可以言接此温伯雪子之如此而仲尼見而不能言也夫仲尼見而不言者心得也心得何假於言乎故曰亦不可以容聲矣

顔淵問於仲尼

夫田無擇之師與夫温伯雪子其道所以爲得矣由未及於仲尼故以顔回稱仲尼

之道而繼言之仲尼之道至妙矣其所得得之於老聃故以孔子與老聃論道而次之也故無擇之師不及溫伯雪子溫伯雪子不及於孔子孔子又師於老聃故第差一等而言之此莊子託數子之稱師而論道以至于精也

夫子步亦步夫子趨亦趨夫子馳亦馳夫子奔逸絕塵而回瞠若乎後矣夫子曰回何謂也曰夫子步亦步也夫子言亦言也夫子趨亦趨也夫子辯亦辯也夫子馳亦馳也夫子

南華真經新傳

言道回亦言道也及奔逸絶塵而回瞠若乎後者

仲尼者入於道也顔回者知於道也入於道者已至於真空此所以奔逸絶塵而不可以及也知於道者未達於真空此所以趨步馳騁而瞠若乎後也不可以及則獨爲於聖人瞠若其後則可以繼聖人此仲尼所以爲萬世師而顔回所以爲於亞聖也

○夫子不言而信不比而周無器而民滔乎前

而不知所以然而已矣仲尼曰惡可不察與夫哀莫大於心死而人死亦次之日出東方而入於西極萬物莫不比方有目有趾者待是而後成功是出則存是入則亡萬物亦然有待也而死有待也而生

孔子待物以其誠故不言而信也接下以其忠故不比而周也無爵而物最故無器而民也無位而物歸故滔乎前而不知所以然而已此夫子之所以聖者歟

吾一受其成形而不化以待盡效物而動日

夜無隙而不知其所終薰然其成形知命不能規乎其前丘以是日徂吾終身與汝交一臂而失之可不哀與汝殆著乎吾所以著也彼已盡矣而汝求之以爲有是求馬於唐肆也吾服汝也甚忘汝服吾也亦甚忘雖然汝奚患焉雖忘乎故吾吾有不忘者存

真宰之造物我所以受其成形而爲我矣受其成形而不可以修易待其終極而後止此未足以免於憂累也故聖人達觀而忘其形所以無我而已矣

孔子見老聃老聃新沐方將被髮而乾慹然似非人孔子便而待之少焉見曰丘也眩與其信然與向者先生形體掘若槁木似遺物離人而立於獨也老聃曰吾遊心於物之初孔子曰何謂邪曰心困焉而不能知口辟焉而不能言嘗為汝議乎其將

夫物之初者無有也無有者道之真體而與物不耦矣老聃所以遊之宜乎孔子稱其形體如槁木似遺物離人而立於獨也夫離人者出於非人之域也立於獨者入

於天而一也此老聃所以神妙歟

至陰肅肅至陽赫赫肅肅出乎天赫赫發乎地兩者交通成和而物生焉或爲之紀而莫見其形消息滿虚一晦一明日改月化日有所爲而莫見其功生有所乎萌死有所乎歸始終相反乎無端而莫知其所窮非是也且孰爲之宗

一陰一陽之謂道道生於陰陽陰陽分而道著然獨陰不可成而獨陽不可生必在交通而然後萬物生成矣故曰至陰肅肅

至陽赫赫肅肅出乎天赫赫發乎地兩者交通成和而物生焉夫天陽也地陰也肅肅出乎天赫赫出乎地見陰陽交通之道也

孔子曰請問遊是老聃曰夫得是至美至樂也得至美而遊乎至樂謂之至人

能全於道者所以能全於命命全則爲樂莫大焉此老聃所以有至美至樂之言也天道者天下之至美也命者萬事之至樂也至美出於道而視之不見也至樂出於

命而聽之不聞也惟能入道則可全命惟能有美則可以有樂二者非至人不能備之矣故曰得至美而游乎至樂謂之至人孔子曰願聞其方曰草食之獸不疾易藪水中之蟲不疾易水行少變而不失其大常也喜怒哀樂不入於胷次夫天下也者萬物之所一也得其所一而同焉則四肢百體將爲塵垢而死生終始將爲晝夜而莫之能滑而況得喪禍福之所介乎棄隸者若棄泥塗知身貴於隸也貴在於我而不失於變且萬化

而未始有極也夫孰足以患心已爲道者解乎此

天地萬物同出於道而得一也人能明得一之妙則無爲無爲則無我無我則形骸如遺土死生爲往來皆不能爲累於我矣豈得失利害可以介萬於心歟故曰夫天下也者萬物之所一也得其所一而同焉則四肢百體將爲塵垢而死生終始將爲晝夜而莫之能滑而況得喪禍福之所介乎

孔子曰夫子德配天地而猶假至言以修心古之君子孰能說焉老聃曰不然夫水之於汋也無為而才自然矣至人之於德也不修而物不能離焉若天之自高地之自厚日月之自明夫何修焉孔子出以告顏回曰丘之於道也其猶醯雞與微夫子之發吾覆也吾不知天地之大全也

缺傳

莊子見魯哀公哀公曰魯多儒士少為先生方者莊子曰魯少儒哀公曰舉魯國而儒服

何謂少乎莊子曰周聞之儒者冠圜冠者知天時履方屨者知地形緩佩玦者事至而斷君子有其道者未必爲其服也爲其服者未必知其道也公固以爲不然何不號於國中曰無此道而爲此服者其罪死於是哀公號之五日而魯國無敢儒服者獨有一丈夫儒服而立乎公門公即召而問以國事千轉萬變而不窮莊子曰以魯國而儒者一人耳可謂多乎百里奚爵禄不入心故飯牛而牛肥使秦穆公忘其賤與之政也有虞氏死生不

入於心故足以動人宋元君將畫圖衆史皆至受揖而立舐筆和墨在外者半有一史後至者儃儃然不趨受揖不立因之舍公使人視之則解衣般礴臝君曰可矣是真畫者也文王觀於臧見一丈夫釣而其釣莫釣非持其釣有釣者常釣也文王欲舉而授之政而恐大臣父兄之弗安也欲終而釋之而不忍百姓之無天也於是旦而屬之大夫曰昔者寡人夢見良人黑色而頾乘駁馬而偏朱蹄號曰寓而政於臧丈人庶幾乎民有瘳乎諸

大夫蹵然曰先君王也文王曰然則卜之諸大夫曰先君之命王其無他又何卜焉遂迎臧丈人而授之政典法無更偏令無出三年文王觀於國則列士壞植散羣長官者不成德斔斛不敢入於四境列士壞植散羣則尚同也長官者不成德則同務也斔斛不敢入四境則諸侯無二心也文王於是焉以爲大師北面而問曰政可以及天下乎臧丈人昧然而不應泛然而辭朝令而夜遁終身無聞

顏淵問於仲尼曰文王其猶未邪又何以夢

爲乎仲尼曰默汝無言夫文王盡之也而又何論刺焉彼直以循斯須也

夫魯國之多儒周邦之多臣及其所得則乃一儒一丈夫矣故魯得一儒而哀公問之國事則千轉萬變而不窮周得一丈夫而文王授之邦政則四境諸侯無二心是二人者得於心者充足而爲於外者有餘所謂才全而德不形故莊子言於此篇矣伯昏無人射引之盈貫措杯水其肘上發之適矢復沓方矢復寓當是時猶象人也伯昏

○無人曰是射之射非不射之射也嘗與汝登高山履危石臨百仞之淵若能射乎於是無人遂登高山履危石臨百仞之淵背逡巡足二分垂在外揖御寇而進之御寇伏地汗流至踵伯昏無人曰夫至人者上闚青天下潛黃泉揮斥八極神氣不變今汝怵然有恂目之志爾於中也殆矣夫

至人者潛行而不窒所入而皆得放心於天地之外而不入於形器之內忘於危險而豈有憚慴歟此伯昏無人所以言其闚

青天潛黃泉揮斥八極而神氣不能變也
肩吾問於孫叔敖曰子三爲令尹而不榮華
三去之而無憂色吾始也疑子今視子之鼻
間栩栩然子之用心獨奈何孫叔敖曰吾何
以過人哉吾以其來不可却也其去不可止
也吾以爲得失之非我也而無憂色而已矣
我何以過人哉且不知其在彼乎其在我乎
其在彼邪亡乎我在我邪亡乎彼方將躊躇
方將四顧何暇至乎人貴人賤哉仲尼聞之
曰古之真人知者不得說美人不得濫盜人

不得劫伏戲黃帝不得友死生亦大矣而無變乎已況爵祿乎若然者其神經乎大山而無介入乎淵泉而不濡處卑細而不憊充滿天地既以與人已愈有楚王與凡君坐少焉楚王左右曰凡亡者三凡君曰凡之亡也不足以喪吾存夫凡之亡不足以喪吾存則楚之存不足以存存由是觀之則凡未始亡而楚未始存也

至人者以形骸爲寓寄以生死爲往來而況爵祿軒冕之外物乎此孫叔敖所以三

仕三去而無榮華憂色也夫爵禄軒冕物之來寄也其來不可卻其去不可止來去在彼而不在我故曰吾以得失之非我也得失之非我則又何憂喜於其間故曰而無憂色而已矣此叔敖之能忘於外物孔子所以引古之真人而稱之也

知北遊篇

夫窈冥寂寞希夷微妙者至道之真體固不可以情求不可以智窺惟以無知而爲得矣此莊子因而作知北遊之篇

知北遊於玄水之上登隱弅之丘而適遭無爲謂焉知謂無爲謂曰予欲有問乎若何思何慮則知道何處何服則安道何從何道則得道三問而無爲謂不荅也非不荅不知荅也知不得問反於白水之南登狐闋之上而

睹狂屈焉知以之言也問乎狂屈狂屈曰唉予知之將語若中欲言而忘其所欲言知不得問反於帝宮見黃帝而問焉黃帝曰無思無慮始知道無處無服始安道無從無道始得道知問黃帝曰我與若知之彼與彼不知

也其孰是耶黄帝曰彼無爲謂真是也狂屈似之我與汝終不近也夫知者不言言者不知故聖人行不言之教道不可致德不可至仁可爲也義可虧也禮相僞也故曰失道而後德失德而後仁失仁而後義失義而後禮禮者道之華而亂之首也故曰爲道者日損損之又損之以至於無爲無爲而無不爲也今已爲物也欲復歸根不亦難乎其易也其唯大人乎生也死之徒死也生之始孰知其紀人之生氣之聚也聚則爲生散則爲死若

死生爲徒吾又何患故萬物一也是其所美者爲神奇其所惡者爲臭腐臭腐復化爲神奇神奇復化爲臭腐故曰通天下一氣耳聖人故貴一知謂黃帝曰吾問無爲謂無爲謂不應我非不我應不知應我也吾問狂屈狂屈中欲告我而不我告非不我告中欲告而忘之也今予問乎若若知之奚故不近黃帝曰彼其真是也以其不知也此其似之也以其忘之也予與若終不近也以其知之也狂屈聞之以黃帝爲知言

夫智者言其陽明也北者言其陰晦也能不用明而自晦則入於至道之妙也故曰知北遊於玄水之上隱弅之丘適遭無爲謂焉故無爲者未免於有爲也未免於有爲則豈足以知道此所以不答知之所問也智以無爲之不答復之陽明而所以決其所問焉故曰反於白水之南澄狐闋之上而睹狂屈焉白水之南者言陽明也狐闋之上者言中心疑而不果也狂者言其有所取屈者言其有所伸亦未爲於無爲

也未爲於無爲則亦不足以知於道此所以答智以予知之將告若之言也智以二子皆不知道也非聖人不可以明故復之帝宮而問黃帝焉黃帝者聖人也足以知其至道矣夫何思何慮者無心也何處何服者無體也何從何道者無方也無心所以言至虛無體所以言真空無方所以言至妙至虛者道之所集也故曰則知道真空者道之所存也故曰則安道至妙者道之所在也故曰則得道此三者非聖人不

能以知之故黃帝曰我與若知之彼與彼不知也無爲狂屈者皆莊子製名而寓意天地有大美而不言四時有明法而不議萬物有成理而不說聖人者原天地之美而達萬物之理是故至人無爲大聖不作觀於天地之謂也今彼神明至精與彼百化物已死生方圓莫知其根也扁然而萬物自古以固存六合爲巨未離其內秋毫爲小待之成體天下莫不沉浮終身不故陰陽四時運行各得其序惛然若亡而存油然不形而神萬物

畜而不知此之謂本根可以觀於天矣

知道者不言言者不知故天地自道而生而未嘗諭人以覆載之功四時隨道而行而未嘗告人以寒暑之期萬物由道而出未嘗語人以生成之理聖人者與天地合其德與四時合其序曲通萬物之情而與道冥會未嘗諄諄然以諭人矣故曰聖人者原天地之美而達萬物之理是故至人無爲者任其自然而無所爲也大聖不作者付之自成而無所作也比至人聖人合

天地之不言也故曰觀於天地之謂也
齧缺問道乎被衣被衣曰若正汝形一汝視天和將至攝汝知一汝度神將來舍德將爲汝美道將爲汝居汝瞳焉如新生之犢而無求其故言未卒齧缺睡寐被衣大說行歌而去之曰形若槁骸心若死灰真其實知不以故自持媒媒晦晦無心而不可與謀彼何人哉

正汝形者使之無勞汝形也一汝視者使之不見可欲也無勞汝形則形全也不見

可欲則精復也形全精復則與天爲一矣故曰天和將至攝汝知者使之無思無爲也一汝度者使之不益不損也無思無爲則反朴也不益不損則全純也反朴全純則其神不虧矣故曰神將來舍德將爲汝美者游於自得之場也道將爲汝居者處於至虛之域汝瞳焉如新生之犢而無求其故所謂復歸於初也此皆入道之真理故齧缺遽悟而心得之此所以聽言未卒而睡寐也

舜問乎丞曰道可得而有乎曰汝身非汝有也汝何得有夫道舜曰吾身非吾有也孰有之哉曰是天地之委形也生非汝有是天地之委和也性命非汝有是天地之委順也孫子非汝有是天地之委蜕也故行不知所往處不知所持食不知所味天地之彊陽氣也又胡可得而有邪

缺傳

孔子問於老聃曰今日晏間敢問至道老聃曰汝齋戒疏瀹而心澡雪而精神掊擊而知

夫道窅然難言哉將爲汝言其崖略夫昭昭生於冥冥有倫生於無形精神生於道形本生於精而萬物以形相生故九竅者胎生八竅者卵生其來無迹其往無崖無門無房四達之皇皇也邀於此者四枝彊思慮恂達耳目聰明其用心不勞其應物無方天不得不高地不得不廣日月不得不行萬物不得不昌此其道與且夫博之不必知辯之不必慧聖人以斷之矣若夫益之而不加益損之而不加損者聖人之所保也淵淵乎其若海魏

魏乎其終則復始也運量萬物而不匱則君子之道彼其外與萬物皆往資焉而不匱此其道與中國有人焉非陰非陽處於天地之間直且爲人將反於宗自本觀之生者暗醷物也雖有壽夭相去幾何須臾之說也奚足以爲堯桀之是非果蓏有理人倫雖難所以相齒聖人遭之而不違過之而不守調而應之德也偶而應之道也帝之所興王之所起也人生天地之間若白駒之過郤忽然而已注然勃然莫不出焉油然漻然莫不入焉已

化而生又化而死生物哀之人類悲之解其天弢墮其天袠紛乎宛乎魂魄將往乃身從之乃大歸乎不形之形形之不形是人之所同知也非將至之所務也此衆人之所同論也彼至則不論論則不至明見無値辯不若默道不可聞聞不若塞此之謂大得也

夫老聃神人也其妙所以無方而其深所以不測與孔子之言道則自精而至于粗自無而至于有故首言昭昭生於冥冥而終言形之不形夫昭昭生於冥冥者所謂

天地生於混成也有天地然後有人倫有人倫然後有萬物而君臣帝王之道無有不備此道之生成如此也然而道不可辯也辯之不若不辯也故曰辯不若默道不可聞也聞之不若不聞也故曰聞不若塞不辯不聞則無爲無爲而心得矣故曰此之謂大得此老聃與孔子之言道而始終之序如此也

東郭子問於莊子曰所謂道惡乎在莊子曰無所不在東郭子曰期而後可莊子曰在螻

蟻曰何其下邪曰在稊稗曰何其愈下邪曰在瓦甓曰何其愈甚邪曰在屎溺東郭子不應莊子曰夫子之問也固不及質正獲之問於監市履豨也每下愈況汝唯莫必無乎逃物至道若是大言亦然周徧咸三者異名同實其指一也嘗相與遊乎無何有之宮同合而論無所終窮乎嘗相與無爲乎澹而靜乎漠而清乎調而閒乎寥已吾志無往焉而不知其所至去而來不知其所止吾已往來焉而不知其所終彷徨乎馮閎大知入焉而不

知其所窮物物者與物無際而物有際者所謂物際者也不際之際際之不際者也謂盈虛衰殺彼爲盈虛非盈虛彼爲衰殺非衰殺彼爲本末非本末彼爲積散非積散也妸荷甘與神農同學於老龍吉神農隱几闔户晝瞑妸荷甘日中奓户而入曰老龍死矣神農隱几擁杖而起曝然放杖而笑曰天知予僻陋慢訑故棄予而死已矣夫子無所發予之狂言而死矣夫弇堈弔聞之曰夫體道者天下之君子所繫焉今於道秋毫之端萬分未

得處一焉而猶知藏其狂言而死又況夫體道者乎視之無形聽之無聲於人之論者謂之冥冥所以論道而非道也

道者萬物之所道也在體爲體在用爲用無名無迹而無乎不在故自有而觀則足以知其徼自無而觀則足以知其妙虚靜寥遠而無有終始此道之至妙之理也東郭子不知其然而問道之爲在所謂蔽於一曲也蔽於一曲則不能知道之深遠故莊子答之以無所不在也

泰清問乎無窮曰子知道乎無窮曰吾不知又問乎無爲無爲曰吾知道曰子之知道亦有數乎曰有曰其數若何無爲曰吾知道之可以貴可以賤可以約可以散此吾所以知道之數也泰清以之言也問乎無始曰若是則無窮之弗知與無爲之知孰是而孰非乎無始曰不知深矣知之淺矣弗知内矣知之外矣於是泰清中而歎曰弗知乃知乎知乃不知乎孰知不知之知

夫道無所不在天地萬物由之而後成不

可以言不可以拘而已矣故聖人知之而不言得之而不拘此無窮荅泰清以不知也夫不知者深知也深知者得之於内也此無始所以有不知深矣弗知内矣之言也然泰清以無窮真不知道也故復問於無爲無爲者未免於有爲是以答泰清以吾知道可以貴可以賤可以約可以散也夫知之者知淺也知淺者得之於外也此無始所以有知之淺矣知之外矣之言也然無窮者無有其極也無始者無有其初

也此二子所以能知於道矣故泰清所以
遽悟而興於歎也
無始曰道不可聞聞而非也道不可見見而
非也道不可言言而非也知形形之不形乎
道不當名
道聽之而不聞也故曰道不可聞視之不
見也故曰不可見摶之而不得也故曰不
可言可聞則非爲其道也故曰聞而非也
可見則亦非爲道也故曰見而非也可言
則又非爲道也故曰言而非也夫不可聞

不可見者無形之形也故曰知形形之不形乎不可言者無名之名也故曰道不當名此無始所以能明於道乎

無始曰有問道而應之者不知道也雖問道者亦未聞道道無問問無應無問問之是問

窮也無應應之是無內也以無內待問窮若是者外不觀乎宇宙內不知乎太初是以不過乎崐崘不遊乎太虛

夫道至妙而不可問無形而不可言故曰道無問問無應既無問而强問之是所問

有所終極矣故曰無問問之是問窮也既無應而强應之是所應得之於外矣故曰無應應之是無内也無内則所知不深矣終極則所見不廣矣如此則安能通達於無盡之外而明了於太初之初逍遥於廣莫之野放縱於無何有之鄉歟故曰以無内待問窮若是者外不觀乎宇宙内不知乎太初是以不過乎崐崘不遊乎太虚此無始所以復諭太清以道不可言也

光曜問乎無有曰夫子有乎其無有乎光曜

不得問而孰視其狀窅然空然終日視之而不見聽之而不聞搏之而不得也光曜曰至矣其孰能至此乎予能有無矣而未能無無也及爲無有矣何從至此哉大馬之捶鉤者年八十矣而不失豪芒大馬曰子巧與有道與曰臣有守也臣之年二十而好捶鉤於物無視也非鉤無察也是用之者假不用者也以長得其用而況乎無不用者乎物孰不資焉

光曜者言其明智也無有者言其真空也

以明智而求真空則所以止知粗微也故曰孰視其狀貌然而知粗而必至于精知微而必至于妙故充曜終日視之而不見聽之而不聞摶之而不得所謂至于精妙也至于精妙則自知其學不及矣故曰予能有無矣未能無無也夫真空之妙理蓋自無而得之矣非由學而後至也故曰及爲無有矣何從而至哉此莊子寓言至道之妙於二子矣

冉求問於仲尼曰未有天地可知邪仲尼曰

可古猶今也冉求失問而退明日復見曰昔者吾問未有天地可知乎夫子曰可古猶今也昔日吾昭然今日吾昧然敢問何謂也仲尼曰昔之昭然也神者先受之今之昧然也且又爲不神者求邪無古無今無始無終未有子孫而有子孫可乎冉求未對仲尼曰已矣未應矣不以生生死不以死死生死生有待邪皆有所一體有先天地生者物邪物物者非物物出不得先物也猶其有物也猶其有物也無已聖人之愛人者終無已者亦乃

南華真經新傳

取於是者也

昔之昭然者與道冥會也故曰神者先受之今之昧然者求則愈惑也故曰且又為不神者求邪無古無今無始無終者道之妙體也達於道之妙體則入於不生不死之域此仲尼所以未待冉求之對而言不以生生死不以死死生也

顏淵問乎仲尼曰回嘗聞諸夫子曰無有所將無有所迎回敢問其遊仲尼曰古之人外化而內不化今之人內化而外不化與物化

者一不化者也安化安不化安與之相靡必與之莫多狶韋氏之囿黄帝之圃有虞氏之宮湯武之室君子之人若儒墨者師故以是非相韲也而況今之人乎聖人處物不傷物不傷物者物亦不能傷也唯無所傷者爲能與人相將迎山林與臯壤與使我欣欣然而樂與樂未畢也哀又繼之哀樂之來吾不能禦其去弗能止悲夫世人直謂物逆旅耳夫知遇而不知所不遇知能能而不能所不能無知無能者固人之所不免也夫務免乎人

之所不免者豈不亦悲哉

外化而内不化者心得於道而體自冥合也内化而外不化者心務求道而體不順也與物化者一不化者蓋能與物齊同而抱一不變也安化安不化者任其自化而無使化也安與之相靡者無心於物而不與之靡刃也必與之莫多者贍足衣被而不爲有餘也狶韋氏之囿黄帝之圃有虞氏之宫湯武之臺者此言道爲聖人之域而無心足以游處也

卷十一第二十六

至言去言至爲去爲齊知之所知則淺矣

至言者不言也故曰至言去言至爲者無爲也故曰至爲無爲二者非入於至道則安能去言去爲矣是以言之於終篇

南華真經新傳卷之十一

南華真經新傳卷之十二　積二

宋　王　元　澤　傳

庚桑楚篇

夫能達於至道之妙者則處無爲任自然不期於化而物自化此庚桑子之若是矣莊子因而作庚桑楚之篇

老聃之役有庚桑楚者偏得老聃之道以北居畏壘之山其臣之畫然知者去之其妾之挈然仁者遠之擁腫之與居鞅掌之爲使居三年畏壘大穰畏壘之民相與言曰庚桑子

之始來吾洒然異之今吾日計之而不足歲計之而有餘庶幾其聖人乎子胡不相與尸而祝之社而稷之乎庚桑子聞之南面而不釋

夫老子之道以真空爲體以妙有爲用非至人孰能心得之庚桑子可謂至人而能達真空妙有之趣也故曰偏得老聃之道夫得於真空則至虛也達於妙有則至靜也虛靜無爲則與天地同其流陰陽同其和不迕於物而所居皆化此畏壘所以大

穰也然而至人非求異於人而人所以自異之此畏壘之民所謂自異於庚桑子也爲而不恃功成不居見寵而驚聞譽而懼此畏壘之民以豐穰由庚桑子之所致欲以尸祝社稷而尊事之楚所以聞而不懌也

然弟子異之庚桑子曰弟子何異於予夫春氣發而百草生正得秋而萬寶成夫春與秋豈無得而然哉天道已行矣吾聞至人尸居環堵之室而百姓倡狂不知所如往今以畏

壘之細民而竊竊焉欲俎豆予于賢人之間我其杓之人邪吾是以不釋於老聃之言

夫至人藏天眞忘天機黜聰明棄智慮魄然忘其所爲而任自然故曰尸居環堵之室也然而至人所居如此也不與物接而物亦不知其所然也故曰百姓猖狂不知所如往

弟子曰不然夫尋常之溝巨魚無所還其體而鯢鰌爲之制步仞之丘陵巨獸無所隱其軀而孽狐爲之祥且夫尊賢授能先善與利

南華真經新傳

自古堯舜以然而況畏壘之民乎夫子亦聽矣庚桑子曰小子來夫函車之獸介而離山則不免于罔罟之患吞舟之魚碭而失水則蟻能苦之故鳥獸不厭高魚鼈不厭深夫全其形生之人藏其身也不厭深眇而已矣且夫二子者又何足以稱揚哉是其於辯也將妄鑿垣墻而殖蓬蒿也簡髮而櫛數米而炊竊竊乎又何足以濟世哉舉賢則民相軋任知則民相盜之數物者不足以厚民民之於利甚勤子有殺父臣有殺君正晝爲盜日中

穴阫吾語汝大亂之本必生於堯舜之間其末存乎千世之後千世之後其必有人與人相食者也

魚陰類也獸陽物也陰隱而陽顯此物理之自然也庚桑子之弟子言巨魚巨獸而告庚桑子所以明其隱顯之理也然隱者自隱顯者自顯各守其極則不致於累儻隱過其極則爲顯所制顯過其極則爲隱所拘此亦勢之自然也故庚桑子所以答以獸離山而罔罟制魚失水而螻蟻苦以

其失隱顯之異也豈若各守其極而退藏於深眇乎以此見至人能冥其極而所以全身也

南榮趎蹵然正坐曰若趎之年者已長矣將惡乎託業以及此言邪庚桑子曰全汝形抱汝生無使汝思慮營營若此三年則可以及此言也南榮趎曰目之與形吾不知其異也而盲者不能自見耳之與形吾不知其異也而聾者不能自聞心之與形吾不知其異也而狂者不能自得形之與形亦辟矣而物或

聞之邪欲相求而不能相得今謂趎曰全汝
形抱汝生勿使汝思慮營營趎勉聞道達耳
矣庚桑子曰辭盡矣曰奔蜂不能化藿蠋越
雞不能伏鵠卵魯雞固能矣雞之與雞其德
非不同也有能與不能者其才固有巨小也
今吾才小不足以化子子胡不南見老子南
榮趎贏糧七日七夜至老子之所老子曰子
自楚之所來乎南榮趎曰唯老子曰子何與
人皆來之衆也南榮趎懼然顧其後老子曰
子不知吾所謂乎南榮趎俯而慙仰而歎曰

今者吾忘吾答因失吾問老子曰何謂也南榮趎曰不知乎人謂我朱愚知乎反愁我軀不仁則害人仁則反愁我身不義則傷彼義則反愁我已我安逃此而可此三言者趎之所患也願因楚而問之老子曰向吾見若眉睫之間吾因以得汝矣今汝又言而信之若規規然若喪父母揭竿而求諸海也汝亡人哉惘惘乎汝欲反汝情性而無由入可憐哉南榮趎請入就舍召其所好去其所惡十日自愁復見老子老子曰汝自洒濯孰哉鬱鬱

乎然而其中津津乎猶有惡也

全汝形者所謂不虧其形也抱汝生者所謂善攝生者也無使汝思慮營營者所謂無心於物也三者非至人不能具之矣

夫外韄者不可繁而捉將內揵內韄者不可繆而捉將外揵外內韄者道德不能持而況放道而行者乎南榮趎曰里人有病里人問之病者能言其病然其病病者猶未病也若趎之聞大道譬猶飲藥以加病也

大耳目外也心智內也耳目用於外則心

智蕩於內心智蕩於內則耳目用於外用於外者雖爲有得而心智從而難制也故曰外韄者不可繁而捉將內揵蕩於內者亦爲有得而耳目從而難閉也故曰內韄者不可繆而捉將外揵內外惑於所得而不能制其於道德難存矣故曰外內韄者道德不能持此皆有我之累也惟至人無我而外遺於耳目內忘於心智入於真空自得之域而自古以固存此老子諭南榮趎以至人之道也

趎願聞衛生之經而已矣老子曰衛生之經能抱一乎能勿失乎能無卜筮而知吉凶乎能止乎能已乎能舍諸人而求諸已乎能脩然乎能侗然乎能兒子乎兒子終日嘷而嗌不嗄和之至也終日握而手不掜共其德也終日視而目不瞚偏不在外也行不知所之居不知所爲與物委蛇而同其波是衛生之經已南榮趎曰然則是至人之德已乎曰非也是乃所謂氷解凍釋者

衛生者衛全其生也能衛全其生則生所

以常存故曰衛生之經也夫全生之道必先無摇汝精也故曰能抱一乎無揺其精則自得也故曰能勿失乎自得則能明禍福也故曰能無卜筮而知吉凶乎明於禍福則不役於物也故曰能止乎不役於物則了達也故曰能已乎了達則忘彼而全形也故曰能舍諸人而求己乎形全則死生聚散不能爲累於胷中所以復歸於嬰兒也故曰能翛然乎能侗然乎能嬰兒乎復歸於嬰兒則聲雖發而專氣致柔也故

曰兒子終日嗥而嗌不嗄和之至也手雖握而非爲有得也故曰終日握而手不掜共其德也目雖視而非用其明也故曰終日視而目不瞚偏在外也足雖行而非有所逐也故曰行不知所之身雖止而非有所作也故曰居不知所爲與物齊諧而同其流此所謂全生之道也故曰與物委蛇而同其波是衞生之經也

夫至人者相與交食乎地而交樂乎天不以人物利害相攖不相與爲怪不相與爲謀不

相與爲事翛然而往侗然而來是謂衛生之經已曰然則是至乎曰未也吾固告汝曰能兒子乎兒子動不知所爲行不知所之身若槁木之枝而心若死灰若是者禍亦不至福亦不來禍福無有惡有人災也

夫至人者與物爲一而不異於人食其所食而樂其所樂虛心善應而事莫能累無意於物而怪何能動何思何慮而豈有其謀無心無爲而非有於事往來無礙而自在圓通此至人全生常存之道也故曰是

衛生之經已

宇泰定者發乎天光發乎天光者人見其人人有修者乃今有恒有恒者人舍之天助之人之所舍謂之天民天之所助謂之天子夫至人復歸於嬰兒則精全而神王也志廣而氣充也精全神王則與天爲一志廣氣充則其明自照故曰宇泰定者發乎天光宇者精神志氣之所宅也至人之精神志氣豈有移易乎故曰泰定也以其泰定則自然明照所以謂之天光

南華真經新傳

學者學其所不能學也行者行其所不能行也辯者辯其所不能辯也知止乎其所不能知至矣若有不即是者天鈞敗之備物以將形藏不虞以生心敬中以達彼若是而萬惡至者皆天也而非人也不足以滑成不可內於靈臺靈臺者有持而不知其所持而不可持者也不見其誠已而發每發而不當業入而不舍每更爲失爲不善乎顯明之中者人得而誅之爲不善乎幽間之中者鬼得而誅之明乎人明乎鬼者然後能獨行券內者行

乎無名務外者志乎期費行乎無名者唯庸有光志乎期費者唯賈人也人見其跂猶之魁然

全生之道學者不能學之也行者不能行之也辯者不能辯之也智者不能知之也惟絕學忘行去辯喪智任於自然則得之也故曰學者學其所不能學也行者行其所不能行也辯者辯其所不能辯也知止乎所不能知至矣不能如此而强欲求爲之則不惟傷生而自然之性命亦喪矣故

曰若有不即是者天鈞敗之

與物窮者物入焉與物且者其身之不能容焉能容人不能容人者無親無親者盡人兵莫憯于志鏌鋣爲下寇莫大於陰陽無所逃於天地之間非陰陽賊之心則使之也道通

其分也其成也毀也所惡乎分者其分也以備所以惡乎備者其有以備故出而不反見其鬼出而得是謂得死滅而有實鬼之一也以有形者象無形者而定矣

夫全生之道必先虛心 心虛則足以有容

矣有容則物來而不拒不虛則不能容於物不能容於物則不能容於身不能容於身則豈足以容他人乎故曰與物且者其身之不能容焉能容人夫不能容人則分彼我也彼我分則人疏而不依而人自爲人爾故曰不能容人者無親無親者盡人此不能内虛其心也故心既不虛則志帥妄行而戕害其性命所以愈於利器矣故曰兵莫憯于志鏌鋣爲下志帥妄行而氣亦從而亂則喜出於喜而毗陽怒出於怒

而眦陰其爲賊害尤甚矣安足以逃於形器之外乎故曰寇莫大於陰陽無所逃於天地之間然賊害其性命之甚者非爲陰陽之所致由心不虛而喜怒妄出也故曰非陰非陽賊之心則使之也

出無本入無竅有實而無乎處有長而無乎本剽有所出而無竅者有實有實而無乎處者宇也有長而無本剽者宙也有乎生有乎死有乎出有乎入入出而無見其形是謂天門天門者無有也萬物出乎無有有不能以

有爲有必出乎無有而無有一無有聖人藏乎是古之人其知有所至矣惡乎至有以爲未始有物者至矣盡矣弗可以加矣其次以爲有物矣將以生爲喪也以死爲反也是以分已其次曰始無有既而有生生俄而死以無有爲首以生爲體以死爲尻孰知有無死生之一守者吾與之爲友是三者雖異公族也昭景也著戴也甲氏也著封也非一也有生黰也披然曰移是嘗言移是非所言也雖然不可知者也臘者之有膍胲可散而不可

散也觀室者周於寢廟又適其偃焉爲是舉移是請嘗言移是是以生爲本以知爲師因以乘是非果有名實因以已爲質使人以爲已節因以死償節若然者以用爲知以不用爲愚以徹爲名以窮爲辱移是今之人也是蜩與鷽鳩同於同也蹍市人之足則辭以放驁兄則以嫗大親則已矣

生者從無而入有故曰出無本死者從有而入無故曰入無竅無本無竅則安有其形乎故曰無見其形無見其形則自然而

出入也故曰是謂天門天門出於自然豈爲有形乎故曰天門者無有也故無有者道之真體而萬物莫不皆由之故曰萬物出乎無有無有豈以有而爲有乎此萬物必由而已矣故曰有不能以有爲有必出乎無有道旣無有而復能抱一於無有則此聖人之所以藏用而任其無爲也故曰而無有一無有聖人藏乎是此莊子寓言道之至妙也

故曰至禮有不人至義不物至知不謀至仁

無親至信辟金

至禮無體故曰有不人至義無宜故曰不物至智無知故曰不謀至仁無愛故曰無親至信無質故曰辟金五者皆以無爲體則合於大道之妙矣

徹志之勃解心之謬去德之累達道之塞貴富顯嚴名利六者勃志也容動色理氣意六者謬心也惡欲喜怒哀樂六者累德也去就取與知能六者塞道也此四六者不盪胷中則正正則靜靜則明明則虛虛則無爲而無

不爲也

徹志之勃則志一也解心之謬則心虛也去德之累則自得也達道之塞則不蔽也志一則貴富難役也顯嚴難威也利名難動也心虛則容動自安也色理自順也氣意自適也自得則惡欲不生也喜怒不出也哀樂不入也不蔽則去就必謹也取與必宜也知能必當也數者不能亂志謬心累德塞道則胷中所以正靜明虛而無爲而爲也故曰徹志之勃解心之謬去德之

南華真經新傳

累達道之塞貴富顯嚴名利六者勃志也容動色理氣意六者謬心也惡欲喜怒哀樂六者累德也去就取與知能六者塞道也此四六者不盪則胷中則正正則靜靜則明明則虛虛則無爲而無不爲也

道者德之欽也生者德之光[illegible]性者生之質也性之動謂之爲爲之僞謂之失知者接也知者謨也知者之所不知猶睨也動以不得已之謂德動無非我之謂治[illegible]相反而實相順也

道者至妙而尊於德也故曰道者德之欽也生者以適來而得之明也故曰生者德之光也性者至靜而生之本也故曰性者生之質也性感物則必動也故曰性之動謂之爲爲本人爲則非得也故曰爲之僞謂之失

羿工乎中微而拙乎使人無已譽聖人工乎天而拙乎人夫工乎天而俍乎人者唯全人能之唯蟲能蟲唯蟲能天全人惡天惡人之天而況吾天乎人乎一雀適羿羿必得之威

也以天下爲之籠則雀無所逃是故湯以胞人籠伊尹秦穆公以五羊之皮籠百里奚是故非以其所好籠之而可得者無有也介者拸畫非譽也胥靡登高而不懼遺死生也夫復謵不餽而忘人忘人因以爲天人矣故敬之而不喜侮之而不怒者唯同乎天和者爲然出怒不怒則怒出於不怒矣出爲無爲則爲出於無爲矣

羿工乎中微而拙乎使人無譽巳者所謂使人忘我難是也聖人工乎天而拙乎人

者所謂使天下兼忘我難是也至于神人則其道合於天其用利於人鼓舞萬物而不與聖人同憂所謂兼忘而已矣故曰工乎天而俍乎人者唯全人能之

欲靜則平氣欲神則順心有爲也欲當則緣於不得已不得已之類聖人之道

氣者靜之所宅也心者神之所潛也平氣之所適則必靜也故曰欲靜則平氣順心之所爲則必神也故曰欲神則順之有爲也能平氣順心則動非妄動而俟其感而

後應也故曰欲當則緣於不得已夫感而後應豈有心於萬物乎非聖人孰能至於此故曰不得已之類聖人之道也

南華真經新傳卷之十二

積二

十三

卷十二第十六

南華真經新傳卷之十三　　積三

宋　王　元　澤　傳

徐無鬼篇

夫能平心順氣以道爲務而忘於貧賤窮達則入於至人之域此徐無鬼之能若是矣莊子因而作徐無鬼之篇

徐無鬼因女商見魏武侯武侯勞之曰先生病矣苦於山林之勞故乃肯見於寡人徐無鬼曰我則勞於君君有何勞於我君將盈嗜欲長好惡則性命之情病矣君將黜嗜欲掔

好惡則耳目病矣我將勞君君有何勞於我
武侯超然不對少焉徐無鬼曰嘗語君吾相
狗也下之質執飽而止是狸德也中之質若
視日上之質若亡其一吾相狗又不若吾相
馬也吾相馬直者中繩曲者中鉤方者中矩
積三
圓者中規是國馬也而未若天下馬也天下
馬有成材若卹若失若喪其一若是者超軼
絕塵不知其所武侯大悅而笑徐無鬼出女
商曰先生獨何以說吾君乎吾所以說吾君
者橫說之則以詩書禮樂從說之則以金板

南華真經新傳

六弢奉事而大有功者不可爲數而吾君未嘗啓齒

老子曰道者萬物之奧也善人之所寶也夫善人之所以寶於道則外所以忘其形內所以虛其心黜嗜慾忘好惡安於性命之情而所以寶全於道也不善之人則不然其於道也若存而若亡外所以不能全其形內所以不能虛其心充嗜慾專好惡決於性命之情而其於道也豈寶歟此魏武侯聞徐無鬼之言而超然不對也夫武

侯之性中材也不可卒告以至道而宜先悦之以所好此無鬼所以有相狗馬之言也然無鬼非能相於狗馬也故寓入道之意於狗馬以狗之上質則若亡其一以天下之馬則有成材所謂若亡其一者以形全神王而能忘其身也所謂有成材者以德宇泰定而不虧其本也能忘其身則無爲不虧其本則無用無爲無用則所以能入於道也此無鬼寓意之若是而武侯不知其意而從悦其言也故曰大悦而笑

南華真經新傳

今先生何以說吾君使吾君說若此乎徐無鬼曰吾直告之吾相狗馬耳女商曰若是乎曰子不聞夫越之流人于去國數日見其所知而喜去國旬月見所嘗見於國中者喜及期年也見似人者而喜矣不亦去人滋久思人滋深乎夫逃虛空者藜藋柱乎鼪鼬之逕踉位其空聞人足音跫然而喜矣而況乎昆弟親戚之謦欬其側者乎久矣夫莫以真人之言謦欬吾君之側乎徐無鬼見武侯武侯曰先生居山林食芧栗厭葱韭以賓寡人久

矣夫今老邪其欲干酒肉之味邪其寡人亦有社稷之福邪徐無鬼曰無鬼生於貧賤未嘗敢飲食君之酒肉將來勞君也君曰何哉奚勞寡人曰勞君之神與形武侯曰何謂邪徐無鬼曰天地之養也一登高不可以爲長居下不可以爲短君獨爲萬乘之主以苦一國之民以養耳目鼻口夫神者不自許也夫神者好和而惡姦夫姦病也故勞之唯君所病之何也武侯曰欲見先生久矣

夫天地之於人均受之性命均付之分極

至于所養亦均也豈有閒於尊卑長幼乎故曰天地之養也一魏武不知所然而殫天下之物以養形不足則勞神而營之故神愈勞而不能王形愈養而不能全安若外六骸忘嗜慾遊心於逍遥之域則形神豈有不全乎

吾欲愛民而為義偃兵其可乎徐無鬼曰不可愛民害民之始也為義偃兵造兵之本也君自此為之則殆不成凡成美惡器也君雖為仁義幾且僞哉形固造形成固有伐變固

外戰君亦必無盛鶴列於麗譙之間無徒驥於錙壇之宮無藏逆於得無以巧勝人無以謀勝人無以戰勝人夫殺人之士民兼人之土地以養吾私與吾神者其戰不知孰善勝之惡乎在君若勿已矣修胷中之誠以應天地之情而勿攖夫民死已脫矣君將惡乎用夫偃兵哉

夫道者無爲之朴也兵者有爲之器也聖人常無爲而民自化所謂兵者置而不用也武侯不能無爲而欲爲義偃兵以愛民

此無鬼所以答之以不可也夫聖人以百姓爲芻狗而不愛愛之而其民所以遂生也若以愛愛之則愛有不及而民歎心矣如此則適足害之也故曰愛民害民之始也以義爲外迹而不爲爲之而物之所以順從也若以可爲而爲之則處有不當而物必不順矣如此則適足用兵也故曰爲義偃兵造兵之本也不能如此而必愛而必爲則治道安得而全矣故曰君自此爲之則殆不成

黄帝將見大隗乎具茨之山方明爲御昌寓驂乘張若謵朋前馬昆閽滑稽後車至於襄城之野七聖皆迷無所問塗適遇牧馬童子問塗焉曰若知具茨之山乎曰然若知大隗之所存乎曰然黄帝曰異哉小童非徒知具茨之山又知大隗之所存謂問爲天下小童曰夫爲天下者亦若此而已矣又奚事焉予少而自遊於六合之内予適有瞀病有長者教予曰若乘日之車而遊於襄城之野今予病少痊予又且復遊於六合之外夫爲天下

亦若此而已予又奚事焉黃帝曰夫爲天下者則誠非吾子之事雖然請問爲天下小童辭黃帝又問小童曰夫爲天下者亦奚以異乎牧馬者哉亦去其害馬者而已矣黃帝再拜稽首稱天師而退知士無思慮之變則不樂辯士無談說之序則不樂察士無凌誶之事則不樂皆囿於物者也招世之士興朝中民之士榮官筋力之士矜難勇敢之士奮患兵革之士樂戰枯槁之士宿名法律之士廣治禮樂之士敬容仁義之士貴際農夫無草

萊之事則不比商賈無市井之事則不比庶
人有旦暮之業則勸百工有器械之巧則壯
錢財不積則貪者憂權勢不尤則夸者悲勢
物之徒樂變遭時有所用不能無爲也此皆
順比於歲不物於易者也馳其形性潛之萬
物終身不反悲夫莊子曰射者非前期而中
謂之善射天下皆羿也可乎惠子曰可莊子
曰天下非有公是也而各是其所是天下皆
堯也可乎惠子曰可莊子曰然則儒墨楊秉
四與夫子爲五果孰是邪或者若魯遽者邪

其弟子曰我得夫子之道矣吾能冬爨鼎而夏造冰矣魯遽曰是直以陽召陽以陰召陰非吾所謂道也吾示子乎吾道於是乎爲之調瑟廢一於堂廢一於室鼓宮宮動鼓角角動音律同矣夫或改調一絃於五音無當也鼓之二十五弦皆動未始異於聲而音之君已且若是者邪惠子曰今夫儒墨楊秉且方與我以辯相拂以辭相鎮以聲而未始吾非也則奚若矣莊子曰齊人蹢子於宋者其命閽也不以完其求鈃鍾也以束縛其求唐子

也而未始出域有遺類矣夫楚人寄而蹢閽者夜半於無人之時而與舟人鬬未始離於岑而足以造於怨也

大隗者況於大道也具茨之山者況於道體無爲而寂然豈有爲之聖可求歟此所以言七聖俱迷也惟能放心專氣復歸於嬰兒則然後心得而知之矣故曰牧馬童子又曰非徒知具茨之山又知大隗之所存也夫知大道之真體則任於無爲而已矣此所以答黃帝爲天下則曰又奚事者

則無爲虛靜而放心於自得之場氣馬元所適而已故曰爲天下者亦奚以異乎牧馬夫氣馬無所適則外物不能爲累也故曰亦去其害馬者而已矣此皆極於自然而天地萬物所以皆宗師此黄帝所以稱之爲天師也

莊子送葬過惠子之墓顧謂從者曰郢人堊漫其鼻端若蠅翼使匠石斲之匠石運斤成風聽而斲之盡堊而鼻不傷郢人立不失容宋元君聞之召匠石曰嘗試爲寡人爲之匠

石曰臣則嘗能斲之雖然臣之質死久矣自夫子之死也吾無以爲質矣吾無與言之矣

管仲有病桓公問之曰仲父之病病矣可不諱云至於大病則寡人惡乎屬國而可管仲曰公誰欲與公曰鮑叔牙曰不可其爲人潔

積三　七

廉善士也其於不已若者不比之又一聞人之過終身不忘使之治國上且鉤乎君下且逆乎民其得罪於君也將弗久矣公曰然則孰可對曰勿已則隰朋可其爲人也上忘而下畔愧不若皇帝而哀不已若者以德分人

南華真經新傳

謂之聖以財分人謂之賢以賢臨人未有得人者也以賢下人未有不得人者也其於國有不聞也其於家有不見也勿已則隰朋可吳王浮於江登乎狙之上衆狙見之恂然棄而走逃於深蓁有一狙焉委蛇攫抓見巧乎王王射之敏給搏捷矢王命相者趨射之狙執死王顧謂其友顔不疑曰之狙也伐其巧恃其便以敖予以至此殛也戒之哉嗟乎無以汝色驕人哉顔不疑歸而師董梧以助其色去樂辭顯三年而國人稱之南伯子綦隱

几而坐仰天而嘘顏成子入見曰夫子物之尤也形固可使若槁骸心固可使若死灰乎曰吾嘗居山穴之中矣當是時也田禾一覩我而齊國之衆三賀之我必先之彼故知之我必賣之彼故鬻之若我而不有之彼惡得而知之若我而不賣之彼惡得而鬻之嗟乎我悲人之自喪者吾又悲夫悲人者吾又悲夫悲人之悲者其後而日遠矣仲尼之楚楚王觴之孫叔敖執爵而立市南宜僚受酒而祭曰古之人乎於此言已曰丘也聞不言之

南華真經新傳

言矣未之嘗言於此乎言之市南宜僚弄丸而兩家之難解孫叔敖甘寢秉羽而郢人投兵丘願有喙三尺彼之謂不道之道此之謂不言之辯故德總乎道之所一而言休乎知之所不知至矣道之所一者德不能同也知之所不能知者辯不能舉也名若儒墨而凶矣故海不辭東流大之至也

莊子之所言非得已而言之也非惠子不能知之惠子死則孰能知莊子之言矣此所以引匠石爲況而又曰吾無與言之矣

聖人幷包天地澤及天下而不知其誰氏是
故生無爵死無謚實不聚名不立此之謂大
人狗不以善吠爲良人不以善言爲賢而況
爲大乎夫爲大不足以爲大而況爲德乎夫
大備矣莫若天地然奚求焉而大備矣知大
備者無求無失無棄不以物易已也反已而
不窮循古而不摩大人之誠子綦有八子陳
諸前召九方歅曰爲我相吾子孰爲祥九方
歅曰梱也爲祥子綦瞿然喜曰奚若曰梱也
將與國君同食以終其身子綦索然出涕曰

吾子何爲以至於是極也九方歅曰夫與國君同食澤及三族而況於父母乎今夫子聞之而泣是禦福也子則祥矣父則不祥子綦曰歅汝何足以識之而梱祥邪盡於酒肉入於鼻口矣而何足以知其所自來吾未嘗爲

牧而牂生於奧未嘗好田而鶉生於宎若勿怪何邪吾所與吾子遊者遊於天地吾與之邀樂於天吾與之邀食於地吾不與之爲事不與之爲謀不與之爲怪吾與之乘天地之誠而不以物與之相攖吾與之一委蛇而不

與之爲事所宜今也然有世俗之償焉凡有怪徵者必有怪行殆乎非我與吾子之罪幾天與之也吾以是泣也無幾何而使梱之於燕盜得之於道全而鬻之則難不若刖之則易於是刖而鬻之於齊適當渠公之街終身食肉而終齧缺遇許由曰子將奚之曰將逃堯曰奚謂邪曰夫堯畜畜然仁吾恐其爲天下笑後世其人與人相食與夫民不難聚也愛之則親利之則至譽之則勸致其所惡則散愛利出乎仁義捐仁義者寡利仁義者衆

夫仁義之行唯且無誠且假夫禽貪者器是以一人之斷制利天下譬之猶一覕也夫堯知賢人之利天下也而不知其賊天下也夫唯外乎賢者知之矣有暖姝者有濡需者有卷婁者所謂暖姝者學一先生之言則援受姝姝而私自悅也自以爲足矣而未知未始有物也是以謂暖姝者也濡需者豕蝨是也擇疏鬣自以爲廣宮大囿奎蹄曲隈乳間股脚自以爲安室利處不知屠者之一旦鼓臂布草操煙火而已與豕俱焦也此以域進此

以域退此其所謂濡需者也卷婁者舜也羊肉不慕蟻蟻慕羊肉羊肉羶也舜有羶行百姓悅之故三徙成都至鄧之墟而十有萬家堯聞舜之賢舉之童土之地曰冀得其來之澤舜舉乎童土之地年齒長矣聰明衰矣而不得休歸所謂卷婁者也

大人者德之所以充實也德之充實則處上而不貴功成而不居贍足萬物而不知其所用衣被天下而無得而爲稱此大人之道若是矣故曰生無爵死無謚實不聚

名不立此之謂大人夫爵謚者度外之物也名實者天下之虛罷也大人豈有心於四者乎此莊子所以有無立之言也

是以神人惡衆至衆至則不比不比則不利也

神人者言乎其道也神人鼓舞萬物而不與聖同憂萬物所以自歸矣非由好而致之也故曰神人惡衆

故無所甚親無所甚踈抱德煬和以順天下此謂真人

真人者言其性也真人不與萬物相親踈任於自得而守於純氣豈有逆於天下歟故曰無所甚親無所甚踈抱德煬和以順天下此謂真人然真人不及於神人所以言之於次也

積三 十一

於蟻棄智於魚得計於羊棄意

於蟻棄智者不知羶以恍慕也於魚得計者退藏深渺以活身也於羊棄意者無心使物來慕也

以目視目以耳聽耳以心復心若然者其平

也繩其變也循

以目視目者以明而發不明也以耳聽耳者以聰而覺不聰也以心復心者以靜而鎮不靜也如此則其平所以直其變所以正也故曰若然者其平也繩其變也循非

真人孰能與於此

古之真人以天待之不以人入天古之真人得之也生失之也死得之也死失之也生藥也其實菫也桔梗也雞壅也豕零也是時爲帝者也何可勝言

夫真人者其性內直而不假於物也故任於自然而以待物也不以有爲而亂無爲也適來所以爲時也適去所以能順也來則必知其暫去也去則必知其暫來也了然明達而始終無累矣故曰古之真人以天待人不以人入天古之真人得之也生失之也死得之也死失之也生

句踐也以甲楯三千棲於會稽唯種也能知亡之所以存唯種也不知其身之所以愁故曰鴟目有所適鶴脛有所節解之也悲故曰

風之過河也有損焉日之過河也有損焉請只風與日相與守河而河以爲未始其攖也恃源而往者也

至人者自知而不知人也自見而不見彼也故禍福吉凶不能爲之累矣大夫種者

則不然知人而不自知也見彼而不自見也此憂禍足以爲之累此莊子所以有鴟目鶴脛之言也

故水之守土也審影之守人也審物之守物也審故目之於明也殆耳之於聰也殆心之

於殉也殆凡能其於府也殆殆之成也不給改

水生於土而不離於土也影生於形而不離於形也物出造物而不離造物也故曰水之守土也審形之守人也審物之守物也審然而土無意於水而水所以親也形無意於影而影所以生也造物者無意於物而物所以成也三者皆無意於相須也世俗豈能似之歟故目則必期於明也耳則必期於聰也心則必期於殆也故必期

於明者是有意於明也必期於聰則是有意於聰也必期所殉則是有意於殉物也夫有意於聰明所殉則必致危殆之累也豈爲相須之道乎故曰目之於明也殆耳之於聰也殆心之於殉也殆

禍之長兹萃其反也緣功其果也待久而人以爲已寶不亦悲乎故有亡國戮民無已不知禍是也故足之於地也踐雖踐恃其所不蹍而後善博也人之知也少雖少恃其所不知而後知天之所謂也

古之至人以多知爲召禍之本也雖智而未嘗不喪智故禍之所以不能爲之累也天下之世俗不能喪智而矜其智此禍之所以滋蔓也故曰禍之長也兹萃然禍之始生也伏於福以順其功由大夫種始能成存越之功也故曰其反也緣功及其爲累則固非朝夕之立至由大夫種終不免亡軀之悲也故曰其果也待久此由智之所召也世俗不知而反以智爲身之至矜也何其蒙蔽之甚歟此莊子之所以悲也

故曰而人以爲已寶不亦悲乎

知大一知大陰知大目知大均知大方知大信知大定至矣大一通之大陰解之大目視之大均緣之大方體之大信稽之大定持之

大一者大道也大陰者妙用也大目者至明也大均者常性也大方者常分也大信者不言也大定者不動也大道無物不由而無所不在也故曰通之妙用晦藏而無有不用也故曰解之至明見其所不見而不見其所見故曰視之常性受之各有極

而無不順也故曰緣之常分得之各有限而無有不守也故曰體之不言則無有所期而必至故曰稽之不動無有所易而固執也故曰持之此七者極道之妙也非聖人不能與於此

盡有天循有積三照冥有樞始有彼十四則其解之也似不解之者其知之也似不知之也不知而後知之其問之也不可以有崖而不可以無崖

盡有天者極於自然之妙而無爲也循有

照者緣於自明之理而反照也冥有樞者晦於運行之徼而不動也始有彼者自泰初之初有之也則其解之也似不解之者識之而歸於不識也其知之也似不知之也者知之而歸於不知也其問之也不可以有崖者虛而善應而無極也而不可以無崖者應物而不過其極也

頡滑有實古今不代而不可以虧則可不謂有大揚搉乎闔不亦問是已奚惑然為

頡滑有實者所謂萬物芸芸各歸其根也

古今不代者無古無今而未嘗更變也而不可以虧者不生不化而無不成也以不惑解惑復於不惑是尚大不惑

無智則無惑有智則有惑道不可問而問之是惑也不可應而應之是以惑解惑也

積三 十五

能無智則不惑也故曰復於不惑復於不惑則無問無應而反於自得也故曰是尚大不惑

南華真經新傳卷之十三

南華真經新傳卷之十四　積四

宋　王元澤傳

則陽篇

夫不能守正性冥至極感於儻來之物而求進之不止此則陽之所以若是矣此莊子因而作則陽篇

則陽遊於楚夷節言之於王王未之見夷節歸彭陽見王果曰夫子何不譚我於王王果曰我不若公閱休彭陽曰公閱休奚爲者邪曰冬則擉鼈于江夏則休乎山樊有過而問

者曰此予宅也夫夷節已不能而況我乎吾又不若夷節夫夷節之爲人也無德而有知不自許以之神其交因顛冥乎富貴之地非相助以德相助消也夫凍者假衣於春暍者反冬乎冷風夫楚王之爲人也形尊而嚴其於罪也無赦如虎非夫佞人正德其孰能撓焉

夫至人者安於性命之情而遠於利害之塗見寵而驚聞譽而懼豈有心於富貴利禄乎則陽不能若是而枉已以求進是以

王果言公閱休之所爲而抑之也夫冬則擉鼈于江者所以順其天養也夏則休乎山樊者所以全其天樂也天養順則可欲不能亂天樂全則萬物莫能憂豈以寵貴而累心歟此公閱休所爲如此矣所謂入

於至人之域也

故聖人其窮也使家人忘其貧其達也使王公忘爵禄而化卑其於物也與之爲娱矣其於人也樂物之通而保已焉故或不言而飲人以和與人並立而使人化父子之宜彼其

乎歸居而一間其所施其於人心者若是其
遠也故曰待公閱休
聖人窮理而盡性樂天而知命其窮也放
心於自得之場而食於不貸之田能使家
人內樂而忘貧也其達也處於無敵之貴
而掾於利勢之崇能使王公志已而失高

也與物齊諧而其樂所以全故曰其於物
也與之爲娛矣與人無間而其真所以存
故曰其於人也樂物之通而保已焉不言
而使人之守純故曰或不言而飲人以和

無我而使人之自化故曰與人並立而使人化敘明分守而不失其所宜故曰父子之宜彼其乎歸居間暇其形而均施其仁惠故曰而一間其所施此聖人爲心之若是所以入於寥天也故曰其於人心者若是其遠也惟公閱休能之故曰待公閱休聖人達綢繆周盡一體矣而不知其然性也復命搖作而以天爲師人則從而命之也憂乎知而所行恒無幾時其有止也若之何生而美者人與之鑑不告則不知其美於人也

若知之若不知之若聞之若不聞之其可喜也終無已人之好之亦無已性也

聖人達綢繆者所謂玄通徼妙也周盡一體者該徧萬物而與齊也而不知其然性也者不以情求合於妙本也復命者歸於靜也摇作者至于動也以天爲師者宗於自然也人則從而命之者所謂非常之名也

聖人之愛人也人與之名不告則不知其愛人也若知之若不知之若聞之若不聞之其

南華真經新傳

愛人也終無已人之安之亦無已性也舊國舊都望之暢然雖使丘陵草木之緡入之者十九猶之暢然況見見聞聞者也以十仞之臺縣衆間者也冉相氏得其環中以隨成與物無終無始無幾無時日與物化者一不化者也闔嘗舍之夫師天而不得師天與物皆殉其以爲事也若之何

聖人豈有心於愛人歟能以不愛愛之而其愛所以該徧也愛該徧則物所以備道其名所以興起也故曰聖人之愛人也人

與之名人與之名則安有聞而不相告諭乎不相告諭則不知聖人之愛如此也故曰不告則不知其愛人也然而聖人釐物而不爲仁澤物而不爲義其愛未嘗有愛之之迹而物所以自遂其愛在於無有有無之間而莫窮其終矣故曰若知之若不知之若聞之若不聞之其愛人也終無已夫聖人未始有天未始有人未始有始未始有物與世偕行而不替所行之備而不洫其合之也若之何湯得其司御門尹登恒爲之

傳之從師而不囿得其隨成爲之司其名之名嬴法得其兩見仲尼之盡慮爲之傳之容成氏曰除日無歲無內無外

夫聖人不知其自然故曰未始有天不爲其使然故曰未始有人不求其始故曰未始有始能忘於物故曰未始有物與世推移而未嘗更守故曰與世偕行而不替所適皆至而未嘗不通故曰所行之備而不洫不求合於物而物自以來合故曰其合之也若何此皆非聖不能如此矣

魏瑩與田侯牟約田侯牟背之魏瑩怒將使人刺之犀首聞而恥之曰君爲萬乘之君也而以匹夫從讎衍請受甲二十萬爲君攻之虜其人民係其牛馬使其君内熱發於背然後拔其國忌也出走然後抶其背折其脊季子聞而恥之曰築十仞之城城者既十仞矣則又壞之此胥靡之所苦也今兵不起七年矣此王之基也衍亂人不可聽也華子聞而醜之曰善言伐齊者亂人也善言勿伐者亦亂人也謂伐之與不伐亂人也者又亂人也

君曰然則若何曰君求其道而已矣惠子聞之而見戴晉人戴晉人曰有所謂蝸者君知之乎曰然有國於蝸之左角者曰觸氏有國於蝸之右角者曰蠻氏時相與爭地而戰伏尸數萬逐北旬有五日而後反君曰噫其虛言與曰臣請爲君實之君以意在四方上下

有窮乎君曰無窮曰知遊心於無窮而反在通達之國若存若亡乎君曰然曰通達之中有魏於魏中有梁於梁中有王王與蠻氏有辯乎君曰無辯客出而君惝然若有亡也客

出惠子見君曰客大人也聖人不足以當之惠子曰夫吹管也猶有嗃也吹劍首者吷而已矣堯舜人之所譽也道堯舜於戴晉人之前譬猶一吷也孔子之楚舍於蟻丘之漿其鄰有夫妻臣妾登極者子路曰是稯稯何為者邪仲尼曰是聖人僕也是自埋於民自藏於畔其聲銷其志無窮其口雖言其心未嘗言方且與世違而心不屑與之俱是陸沈者也是其市南宜僚邪子路請往召之孔子曰已矣彼知丘之著於已也知丘之適楚也以

丘爲必使楚王之召已也彼且以丘爲佞人
也夫若然者其於佞人也羞聞其言而況親
見其身乎而何以爲存乎路往視之其室虛
矣
聖人體道以無爲虛中而應物故信出於
不信而怒出於不怒天下不足以爲累萬
事不足以攖心克伐戰鬬豈行歟任之自
得而已矣魏瑩不能知於道有爲於一時
以信信人而人不能交信此田侯牟所以
背約也夫田侯之背約由其信出於信也

瑩不自知而復怒是怒出於怒而人不震懾也瑩既知此而犀首復欲請甲以攻之是以國爲累而克伐戰鬬得行焉萬物從而弗亂矣宜乎華子使之求道也天能求道則知於道知於道則然後入於道入於道則必任於無爲任於無爲則天下之大猶喪矣而況一國之小而豈能累我乎此惠子所以有蝸角之喻乎

長梧封人問子牢曰君爲政焉勿鹵莽治民焉勿滅裂昔予爲禾耕而鹵莽之則其實亦

積四 六

南華真經新傳

鹵莽而報予芸而滅裂之其實亦滅裂而報予予來年變齊深其耕而熟耰之其禾繁以滋予終年厭飧莊子聞之曰今人之治其形理其心多有似封人之所謂遁其天離其性滅其情亡其神以衆爲故鹵莽其性者欲惡之孽爲性萑葦蒹葭始萌以扶吾形尋擢吾性並潰漏發不擇所出漂疽疥癰內熱溲膏是也栢矩學於老聃曰請之天下遊老聃曰已矣天下猶是也又請之老聃曰汝將何始曰始於齊至齊見辜人焉推而强之解朝服

而慕之號天而哭之曰子乎子乎天下有大菑子獨先離之曰莫爲盜莫爲殺人

夫帥而不敢不正者政賤而不可不因者民也政以民爲本民以政爲基爲政不可畧而治民不可輕此長梧封人所以有勿鹵莽滅裂之言也夫爲政治民則必有其道也耕田蒔苗則亦有其道也同出於道而所爲小異此封人所以以耕耘而諭子牢也豈惟爲政治民同耕耘至於治形理心則亦同之而已夫能治其形者所以全

其形也能理其心者所以虚其心也形全則神所以王心虚則氣所以柔如此則性命之本固存矣天下之世俗則不然逃其自然之質去其至真之性决性命之情亡所王之神役於外物而有爲也何異鹵莽滅裂歟此心形之所以不全也故曰遁其天離其性滅其情亡其神以衆爲

榮辱立然後覩所病貨財聚然後覩所爭今立人之所病聚人之所爭窮困人之身使無休時欲無至此得乎古之君人者以得爲在

民以失爲在己以正爲在民以枉爲在己故一形有失其形者退而自責今則不然匿爲物而愚不識大爲難而罪不敢重爲任而罰不勝遠其塗而誅不至民知力竭則以僞繼之日出多僞士民安取不僞夫力不足則僞知不足則欺財不足則盜盜竊之行於難責而可乎蘧伯玉行年六十而六十化未甞不始於是之而卒詘之以非也未知今之所謂是之非五十九非也

夫至德之世上如標枝下如野鹿不尚賢

南華真經新傳

不貴難得之貨故不尚賢則愚智不別而爵位不分不貴難得之貨則捐金於山藏珠於淵天下不知榮辱貴富也及至後世道散而德失尊尚者莫非賢而所貴者莫非貨天下知榮辱貴富而失性亡命以交爭此栢矩見齊之刑人而所以哭也故曰榮辱立然後覩所病貨財聚然後覩所爭此莊子寓意於栢矩

萬物有乎生而莫見其根有乎出而莫見其門人皆尊其知之所知而莫知恃其知之所

不知而後知可不謂大疑乎已乎已乎且無所逃此則所謂然與然乎仲尼問於大史大弢伯常騫狶韋曰夫衛靈公飲酒湛樂不聽國家之政田獵畢弋不應諸侯之際其所以爲靈公者何邪大弢曰是因是也伯常騫曰夫靈公有妻三人同濫而浴史鰌奉御而進所搏幣而扶翼其慢若彼之甚也見賢人若此其肅也是其所以爲靈公也狶韋曰夫靈公也死卜葬於故墓不吉卜葬於沙丘而吉掘之數仞得石槨焉洗而視之有銘焉曰不

馮其子靈公奪而埋之夫靈公之爲靈也久矣之二人何足以識之

方物出於機入於機機者道之妙本而衆妙之門視之不見而已矣故曰萬物有乎生而莫見其根有乎出而莫見其門

少知問於太公調曰何謂丘里之言太公調曰丘里者合十姓百名而以爲風俗也合異以爲同散同以爲異今指馬之百體而不得馬而馬係於前者立其百體而謂之馬也是故丘山積卑而爲高江河合水而爲大大人

合并而爲公是以自外入者有主而不執中由出者有正而不距四時殊氣天不賜故歲成五官殊職君不私故國治文武大人不賜故德備萬物殊理道不私故無名無名故無爲無爲而無不爲

夫太公調之論道所謂自粗而至于精也故先言同異之合散山河之積合大人之合并內外之出入四時之殊氣五官之異職文武之各異萬物之殊生然後至于無爲而無不爲豈不謂之自粗而至精歟夫

大人幷合而爲公者以其混一風俗而無私也混一之道自外而格於人人知所向而不拘矣故曰自外入者有主而不執所向之道自内之所知能守其正而不違矣故曰由中出者有正而不距四時出於自然而非天所與也故曰四時殊氣天不賜故歲成五官任之以公而非君可私也故曰五官殊職君不私故國治文足昭武足畏非大人使之若是也故曰文武大人不賜故德備萬物生成而理不同非由道之

所私也故曰萬物殊理道不私故無名無
名者天地之始也天地之始則無有無有
豈得有爲乎故曰無名故無爲者非不爲
也爲而不見其爲也故曰無爲而無不爲
時有終始世有變化禍福淳薄至有所拂者
而有所宜自殉殊面有所正者有所差比於
大澤百材皆度觀乎大山木石同壇此之謂
丘里之言少知曰然則謂之道足乎太公調
曰不然今計物之數不止於萬而期曰萬物
者以數之多者號而讀之也是故天地者形

之大者也陰陽者氣之大者也道者爲之公
因其大以號而讀之則可也已有之矣乃將
得比哉則若以斯辯譬猶狗馬其不及遠矣
少知曰四方之内六合之裏萬物之所生惡
起太公調曰陰陽相照相蓋相治四時相代
相生相殺欲惡去就於是橋起雌雄片合於
是庸有安危相易禍福相生緩急相摩聚散
以成此名實之可紀精之可志也隨序之相
理橋運之相使窮則反終則始此物之所有
言之所盡知之所至極物而已覩道之人不

隨其所廢不原其所起此議之所止少知曰季真之莫爲接子之或使二家之議孰正於其情孰偏於其理太公調曰雞鳴狗吠是人之所知雖有大知不能以言讀其所自化人不能以意其所將爲斯而析之精至於無倫大至於不可圍或之使莫之爲未免於物而終以爲過或使則實莫爲則虛有名有實是物之居無名無實在物之虛可言可意言而愈疏未生不可忌已死不可徂死生非遠也理不可覩或之使莫之爲疑之所假

天地陰陽由道而生也道先天地陰陽而豈天地陰陽可擬乎故以天地而比於道則天地乃形之所大爾以陰陽而比於道則陰陽乃氣之所大爾道出於氣形之外而無私於萬物其大可以物擬歟故因其所大而强名爲道也故曰因其大號而讀之則可也

吾觀之本其往無窮吾求之末其來無止無窮無止言之無也與物同理或使莫爲言之本也與物終始道不可有有不可無

道體深妙動而愈出故曰吾觀之本其往無窮妙用贍足綿綿若存故曰吾求之末其來無止無窮則未嘗有極無止則未嘗有息同萬物生成之理也故曰無窮無止言之無也與物同理此莊子言道之序也

道之爲名所假而行或使莫爲在物一曲夫胡爲於大方言而足則終日言而盡道言而不足則終日言而盡物道物之極言默不足以載非言非默議其有極

視之不見故曰道不可有生成不測故曰

有不可無道者萬物之所道以其可道而名道也故曰道之爲名所假而行道體至妙言默不足以盡之也故曰道物之極言默不足以載之不言不默而心得之然後達其妙本也故曰非言非默議有所極

南華真經新傳卷之十四

卷十四第十五

南華真經新傳卷之十五　積五

宋　王元澤　傳

外物篇

夫大道散而萬事起萬事起而禍福榮辱之端交來而不可議其必然矣此莊子因而作外物篇

外物不可必故龍逄誅比干戮箕子狂惡來死桀紂亡人主莫不欲其臣之忠而忠未必信故伍員流于江萇弘死于蜀藏其血三年而化爲碧人親莫不欲其子之孝而孝未必

愛故孝已愛而曾參悲木與木相摩則然金與火相守則流陰陽錯行則天地大絯於是乎有雷有霆水中有火乃焚大槐有甚憂兩陷而無所逃螴蜳不得成心若縣於天地之間慰暋沈屯利害相摩生火甚多衆人焚和月固不勝火於是乎有僓然而道盡

夫禍福榮辱之來皆所以各緣其類也故爲善者必致福爲惡者必蒙禍此理勢之必然也然而龍逢比干正直也卒所以見誅戮之禍伍員萇弘忠誠也反所以蒙流

死之辱孝已曾參奉親也固難免悲憂之
累惡來桀紂暴虐也復得其壽祿之榮豈
理勢之必然歟故曰外物不可必也世俗
不知外物之不可必曲求妄想而焚和此
生之所以不全也惟至人知其不可必故
虛心而忘已是以禍福不能及榮辱不能
加哀樂不能入儻然自得而生之所以全
也

○莊周家貧故往貸粟於監河侯監河侯曰諾
我將得邑金將貸子三百金可乎莊周忿然

作色曰周昨來有中道而呼者周顧視車轍中有鮒魚焉周問之曰鮒魚來子何爲者邪對曰我東海之波臣也君豈有斗升之水而活我哉周曰諾且南遊吳越之王激西江之水而迎子可乎鮒魚忿然作色曰吾失我常與我無所處吾得斗升之水然活耳君乃言此曾不如早索我於枯魚之肆

夫不足者依於有餘有餘者周于不足此亦理勢之必然也莊周貧而貸粟於監河侯其貸所以必得也河侯語以歲終得金

而方貸見所貸不爲必得矣外物因可必歟此莊子所以有鮒魚之諭矣

任公子爲大鉤巨緇五十犗以爲餌蹲乎會稽投竿東海旦旦而釣期年不得魚已而大魚食之牽巨鉤陷没而下騖揚而奮鬐白波若山海水震蕩聲侔鬼神憚赫千里任公子得若魚離而腊之自淛河以東蒼梧已北莫不厭若魚者已而後世輇才諷説之徒皆驚而相告也夫揭竿累趣灌瀆守鯢鮒其於得大魚難矣飾小説以干縣令其於太達亦遠

卷十五第三

矣是以未甞聞任氏之風俗其不可與經於世亦遠矣儒以詩禮發冢大儒臚傳曰東方作矣事之何若小儒曰未解裙襦口中有珠詩固有之曰青青之麥生於陵陂生不布施死何含珠爲接其鬢壓其顪儒以金椎控其頤徐別其頰無傷口中珠

夫揭竿爲餌此世俗之所以期得鮒鯢也而任公子爲之則得大魚删詩立禮此先王之所以期化天下也而儒生行之則以發冢此亦不可必然也天下之萬事其來

安可逆度歟非達觀者不可與於此

老萊子之弟子出薪遇仲尼反以告曰有人於彼修上而趨下末僂而後耳視若營四海不知其誰氏之子老萊子曰是丘也召而來仲尼至曰丘去汝躬矜與汝容知斯爲君子矣仲尼揖而退蹙然改容而問曰業可得進乎老萊子曰夫不忍一世之傷而驁萬世之患抑固窶邪亡其畧弗及邪惠以歡爲驁終身之醜中民之行進焉耳相引以名相結以隱與其譽堯而非桀不如兩忘而閉其所譽

反無非傷也動無非邪也聖人躊躇以興事以每成功奈何哉其載焉終矜爾

夫仲尼之行已可謂能行其已也以仁聖之至大而不居以形骸之暫聚而無我豈有矜飾智巧於内外乎可謂天之君子矣老萊子尚語之以去汝躬矜與汝容智而然後爲君子是仲尼由有矜容而未得爲於君子歟此老萊之言不必也然而聖人以仁義足以澤世而整物故舉明其道於天下豈期後世姦人竊取而爲患乎此亦

不可必然也故曰夫不忍一世之傷而驁
萬世之患
宋元君夜半而夢人被髮闚阿門曰予自宰
路之淵予爲清江使河伯之所漁者余且得
予元君覺使人占之曰此神龜也君曰漁者
有余且乎左右曰有君曰令余且會朝明日
余且朝君曰漁何得對曰且之網得白龜焉
其圓五尺君曰獻若之龜龜至君再欲殺之
再欲活之心疑卜之曰殺龜以卜吉乃刳龜
七十二鑽而無遺筴仲尼曰神龜能見夢於

元君而不能避余且之網知能七十二鑽而無遺筴不能避刳腸之患如是則知有所困

神有所不及也

夫神龜之夢宋元君也以爲必脫漁者之捕也豈期元君反刳腸而鑽占歟故夢之不如不夢矣是亦不可必而已龜爲神智而神智有時不可用之也故曰知有所困

神有所不及也

雖有至知萬人謀之魚不畏網而畏鵜鶘去小知而大知明去善而自善矣嬰兒生無石

師而能言與能言者處也

小知知之也大知不知也知之則知有所不及不知則無所不知矣衆人之知知之也其知有所不及矣聖人之知不知也其知無所不知矣然無所知者蓋能去於小知也故曰去小知而大知明夫善者可欲也有可欲則善所以明也無可欲則善所以善也故曰去善而自善矣

惠子謂莊子曰子言無用莊子曰知無用而始可與言用矣夫地非不廣且大也人之所

用容足耳然則廁足而塹之致黃泉人尚有用乎惠子曰無用莊子曰然則無用之為用也亦明矣莊子曰人有能遊且得不遊乎人而不能遊且得遊乎夫流遁之志決絕之行噫其非至知厚德之任與覆墜而不反火馳而不顧雖相與為君臣時也易世而無以相賤

夫言期於有用則其終所以不用也言期於無用則其終所以為用也有用用之不神也無用用之至妙也惠子以莊子之言

為無用是不知無用之用也故莊子言墊地以諭之以明無用不可必其無用也故曰至人不留行焉夫尊古而卑今學者之流也且以豨韋氏之流觀今之世夫孰能不波唯至人乃能遊於世而不僻順人而不失已彼教不學承意不彼目徹為明耳徹為聰鼻徹為顫口徹為甘心徹為知知徹為德凡道不欲壅壅則哽哽而不止則跈跈則衆害生物之有知者恃息其不殷非天之罪天之穿之日夜無降人則顧塞其竇胞有重閬

至人者其道圓通而與化為一其性融明而與世推移未水嘗有凝滯之累也故曰至人不留行焉夫至人之不留行者蓋能趨時應物而不迕也故曰乃遊於留而不僻與人無迕而能忘失也故曰順人而不

積五 六

失已正人之性而非由習也故曰彼教不學承人之意而能忘彼也故曰承意不彼目无蔽而見其所不見也故曰目徹為明耳無塞而聞其所不聞也故曰耳徹為聰鼻無壅而臭其所不嗅也故曰鼻徹為顫

口無爽而味其所無味也故曰口徹為甘心無窒而知其所不知也故曰心徹為知知不惑而所以自得也故曰知徹為德夫內外交通而無壅蔽之累此其所以自得也所以言德於終矣此至人若是而已矣

心有天遊室無空虛則婦姑勃谿心無天遊則六鑿相攘大林丘山之善於人也亦神者不勝德溢乎名名溢乎暴謀稽乎誸知出乎爭柴生乎守官事果乎衆宜春雨日時草木怒生銚辱於是乎始修草木之到植者過乎

而不知其然靜然可以補病眥娍可以休老寧可以止遽雖然若是勞者之務也非佚者之所未嘗過而問焉

心者人之真君也處於至虛之地而潛於至妙之神無爲而不可係著矣故曰心有天遊一有係著則六根交亂而役物矣故曰心無天遊則六鑿相攘

聖人之所以駴天下神人未嘗過而問焉賢人所以駴世聖人未嘗過而問焉君子所以駴國賢人未嘗過而問焉小人所以合時君

南華真經新傳

子未嘗過而問焉演門有親死者以善毀爵爲官師其黨人毀而死者半堯與許由天下許由逃之湯與務光務光怒之紀他聞之帥弟子而踆於窾水諸侯弔之三年申徒狄因以踣河

大而化之之謂聖聖而不可知之之謂神且爲臣助上而可以利人者之謂賢上可以君於國下可以子於民者謂君子性下達而不可及於君子者謂小人神則不與聖同憂聖則不與賢同道君子與小人不

同德故聖人起而應於變則神人固不問之矣賢人仕而濟於世聖人亦不問之矣君子出而方有爲則賢人亦不問之矣小人苟合於一時則君子亦不問之矣夫駴者動也聖賢君子之所爲所以豫順而也天下世國焉有不從歟能各冥其極而不問也

荃者所以在魚得魚而忘荃蹄者所以在兎得兎而忘蹄言者所以在意得意而忘言吾安得夫忘言之人而與之言哉

知道者不言言者不知聖人之道惟晦默然後心得矣心得則足以與言之此莊子欲得斯人而與言其道也故曰吾安得夫忘言之人而與之言哉以此見莊子亦欲無言而言之非得已也

南華真經新傳卷之十五

卷十五第十

洞神部

玉訣類

積下

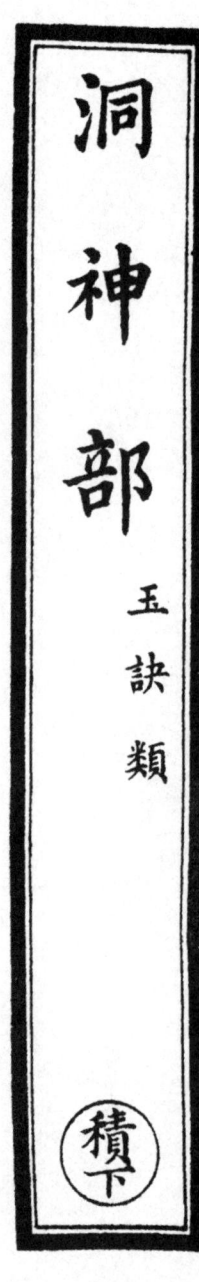

南華真經新傳卷之十六

積六

南華真經新傳卷之十七

積七

南華真經新傳卷之十八

積八

南華真經新傳卷之十九

積九

南華真經新傳卷之二十

積十

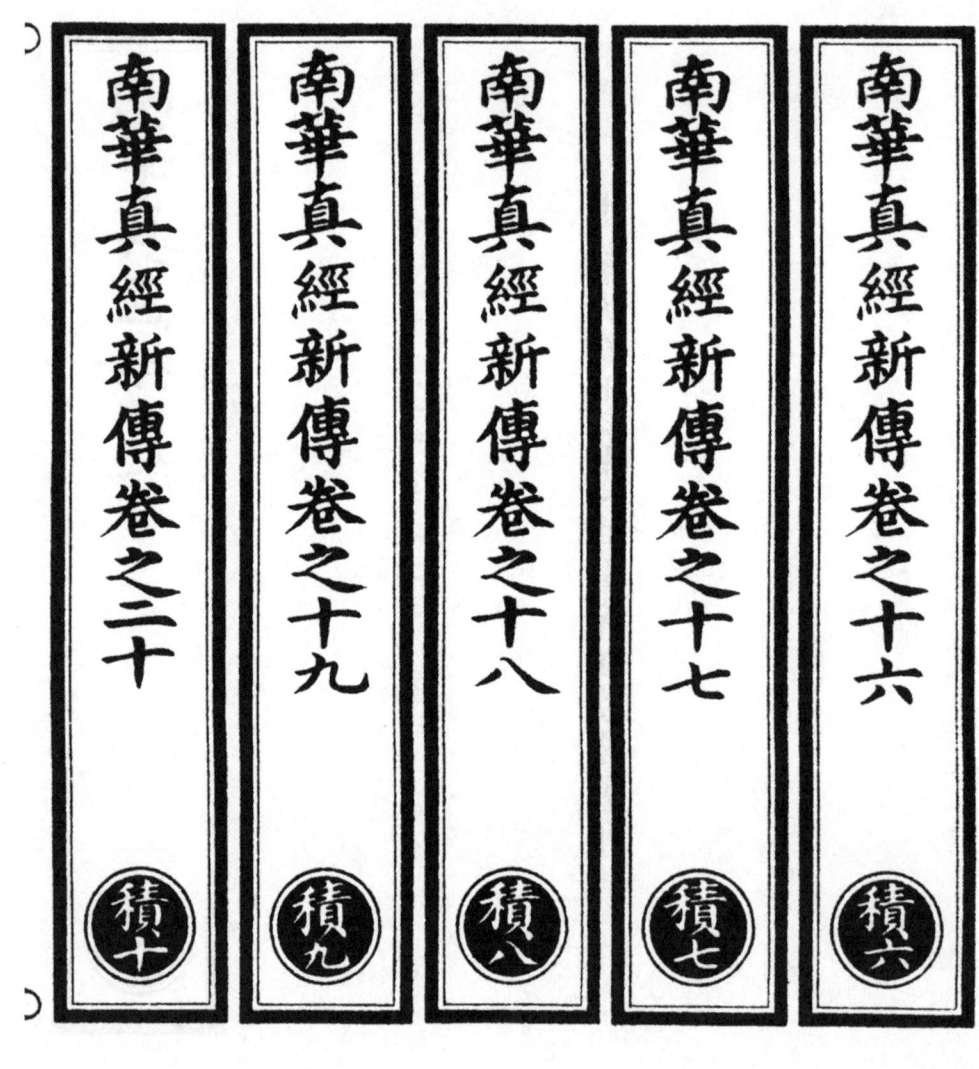

南華真經拾遺

積十一

中華民國十三年八月上海涵芬樓影印

南華真經新傳卷之十六

宋　王元澤　傳

寓言篇

夫天下之世俗惑於異學而不知聖人之大道必假言辭而諭之矣此莊子因而作寓言篇

寓言十九重言十七巵言日出和以天倪寓言十九藉外論之親父不爲其子媒親父譽之不若非其父者也非吾罪也人之罪也與已同則應不與已同則反同於已爲是之異

於已爲非之重言十七所以已言也是爲耆艾年先矣而無經緯本末以期年耆者是非先也人而無以先人無人道也人而無人道是之謂陳人巵言日出和以天倪因以曼衍所以窮年

孔子曰予欲無言孟子曰予豈好辯哉此聖賢本於不言也然而必言必辯者出於非得已而已故莊子之所言亦出不得已將以袪天下之惑而反性命之正也然莊子之爲言不一矣故有寓言有重言有巵

言寓言者極明大道之真空以世俗必爲迂怪也故託爲他人所說以言之致其十信其九也故曰寓言十九又曰藉外論之重言者論述前古之正道使世俗樂聞不猒也故推爲耆艾之言以重之致其十信其七也故曰重言十七又曰所以已言也卮言者不爲一定之辭而愈新如卮器傾仰之不一以世俗難知妙本也故和以自然之分矣故曰卮言日出和以天倪此三者周之所以用而爲書也以三者而訊周

之所言則然後得周所言之意矣
不言則齊齊與言不齊言與齊不齊也故曰
無言言無言終身言未嘗不言終身不言未
嘗不言有自也而可有自也而不可有自也
而然有自也而不然惡乎然然於然惡乎不

然不然於不然惡乎可可於可惡乎不可於
不可物固有所然物固有所可無物不然無
物不可非卮言日出和以天倪孰得其久萬
物皆種也以不同形相禪始卒若環莫得其
倫是謂天均天均者天倪也

夫物我所以同根也我不言則萬物與我爲一也故曰不言則齊既齊而言則物我所以復分也故曰齊與言不齊不齊而止言則復齊矣故曰無言不言而自齊則物我自然均等也故曰是謂天均自然均等則守於自然之分矣故曰天均者天倪也

此巵言不一如此也

莊子謂惠子曰孔子行年六十而六十化始時所是卒而非之未知今之所謂是之非五十九非也惠子曰孔子勤志服知也莊子曰

孔子謝之矣而其未之嘗言孔子云夫受才乎大本復靈以生鳴而當律言而當法利義陳乎前而好惡是非直服人之口而已矣使人乃以心服而不敢蘁立定天下之定已乎已乎吾且不得及彼乎

夫聖人入道之妙與化爲一時之所變與偕行也安有凝滯之累歟此莊子所以言孔子行年六十而六十化也夫與時偕行惟變所適者有向往來今之殊也故向之所爲者是則今之所以爲非也今之所爲

者是則乃向時所以爲非也蓋才全而能至於命所以圓通如此也惠子不知聖人之如此而以爲聖人勤志服膺而後知此莊子所以有受才復虛之言也夫才者性命之本也虛者精神之宅也聖人能達性命之本全精神之宅虛心待物而物來則鳴未嘗有言而言必當理譬由同律氣入則鳴氣息則止使天下心服而自定也故曰鳴而當律言而當法又曰使人乃以心服而定天下之所定此聖人所化如此矣

曾子再仕而心再化曰吾及親仕三釜而心樂後仕三千鍾不洎吾心悲弟子問于仲尼曰若參者可謂無所縣其罪乎曰既已縣矣夫無所縣者可以有哀乎彼視三釜三千鍾如觀雀蚊虻相過乎前也

君子非有意於仕然而有時而仕者以其爲親也爲親而仕祿雖薄而及於親其心所以至樂也此曾子初仕而雖三釜之薄而及於親其心所以嘗樂也仕非爲親而祿雖厚而不及親其心所以不樂也此曾

子後仕而雖三千鍾之厚而不及親其心
所以嘗悲也夫曾子之心一也其仕同也
然有悲樂之不同者係其親之存亡也故
曰曾子再仕而心再化夫曾子以親爲意
而豈以儻來之物累心歟親亡祿厚則不
悅此仲尼所以有蚊虻過前之喻矣

顏成子游謂東郭子綦曰自吾聞子之言一
年而野二年而從三年而通四年而物五年
而來六年而鬼入七年而天成八年而不知
死不知生九年而大妙生有爲死也勸公以

其死也有自也而生陽也無自也而果然乎惡乎其所適惡乎其所不適天有歷數地有人據吾惡乎求之莫知其所終若之何其無命也莫知其所始若之何其有命也有以相應也若之何其無鬼邪無以相應也若之何其有鬼邪

夫聖人之道奧妙真空而不可以卒知惟在久而方得矣此顔成子游聞子綦之言而至乎九年而方妙也夫一年而野者挫其鋭而反朴也二年而從者同其塵而不

南華真經新傳

迕於俗也三年而通者隨時安變而不蔽惑也四年而物者與物齊諧而無彼我也五年而來者所適皆至而自得也六年而鬼入者達乎幽奧而神與冥會也七年而天成者任於自然而無所虧也八年而不知生不知死者了於不生不死之趣也九年而大妙者盡於真空妙有之至也夫入道而未至于大妙未足以爲心得也顔成子游九年而然後至大妙亦可謂之心得矣然而與聖人有間者聖人生而知之矣

安俟積而後得乎此聖人之所以聖也

衆罔兩問於影曰若向也俯而今也仰向也括而今也被髮向也坐而今也起向也行而今也止何也影曰搜搜也奚稍問也予有而不知其所以予蜩甲也蛇蛻也似之而非也火與日吾屯也陰與夜吾代也彼吾所以有待邪而況乎以有待者乎彼來則我與之來彼往則我與之往彼強陽則我與之強陽強陽者又何以有問乎陽子居南之沛老聃西遊於秦邀於郊至於梁而遇老子老子中道

南華真經新傳

仰天而歎曰始以汝爲可教今不可也陽子居不荅至舍進盥漱巾櫛脫屨戶外膝行而前曰向者弟子欲請夫子夫子行不閒是以不敢今閒矣請問其故老子曰而睢睢盱盱而誰與居大白若辱盛德若不足陽子居蹵然變容曰敬聞命矣其往也舍者迎將其家公執席妻執巾櫛舍者避席煬者避竈其反也舍者與之爭席矣

夫影者形之所生也形者己之所具也影雖形之所生而無待必形形雖己之所具

而無藉於已故影之所待者待於火日而形之所藉者藉於樸素火日明則影所以聚樸素全則形所以忘此莊子所以有罔兩問影與夫老子教陽子之言也夫罔兩者幽陰之物也陽子者陽明之人也處幽陰者不可問其影居陽明者不可飾其形故宜兩忘而已矣兩忘則所謂能冥其極也故莊子言於寓言之篇終

南華真經新傳卷之十六

南華真經新傳卷之十七　　積七

宋　王　元　澤　傳

讓王篇

夫帝王者道外之虚稱天下者度外之一物至人達觀而無心於二者矣此莊子因作讓王篇

堯以天下讓許由許由不受又讓於子州支父子州支父曰以我爲天子猶之可也雖然我適有幽憂之病方且治之未暇治天下也夫天下至重也而不以害其生又況他物乎

唯無以天下爲者可以託天下也舜讓天下於子州支伯子州支伯曰予適有幽憂之病方且治之未暇治天下也故天下大器也而不以易生此有道者之所以異乎俗者也舜以天下讓善卷善卷曰余立於宇宙之中冬

積七　一

日衣皮毛夏日衣葛絺春耕種形足以勞動秋收斂身足以休息日出而作日入而息逍遥於天地之間而心意自得吾何以天下爲哉悲夫子之不知余也遂不受於是去而入深山莫知其處舜以天下讓其友石戸之農

石戶之農曰捲捲乎后之爲人葆力之士也以舜之德爲未至也於是夫負妻戴攜子以入於海終身不反也

夫堯舜者聖人之有爲也有爲卒至於無爲無爲之至則神妙矣此所以皆讓天下也故堯讓天下於子州支父而舜讓天下於子州支伯而又讓於善卷與石戶之農數子者至人也皆能外形骸忘生死以身爲患以寵爲辱豈以天下累心歟是以皆辭而不受也故子州支父則以天下至重

而我適有病而不能治之也子州支伯則以天下大器而我亦有病而不能治之也善卷則以衣皮衣葛出作入息足以逍遥於天地之間而不能治於天下也石戶之農則以舜使我代勞苦而我亦不能治於天下也數子者皆飾辭以拒而豈有意於天下乎視天下如遺土壤也是以善卷則入山而不返石戶則游海而不還所以全逍遥之妙趣此莊子所以取之也

大王亶父居邠狄人攻之事之以皮帛而不

南華真經新傳

受事之以犬馬而不受事之以珠玉而不受狄人之所求者土地也大王亶父曰與人之兄居而殺其弟與人之父居而殺其子吾不忍也子皆勉居矣爲吾臣與爲狄人臣奚以異且吾聞之不以所用養害所養因杖筴而去之民相連而從之遂成國於岐山之下夫大王亶父可謂能尊生矣能尊生者雖貴富不以養傷身雖貧賤不以利累形今世之人居高官尊爵者皆重失之見利輕亡其身豈不惑哉

大王之去邠所以謹於去就也夫天之生人也均與之性同付之命豈使以外物而傷其性命之情歟大王能知天之所付與而不敢攻狄而決人之性命是以委國而去之矣此大王知天之所爲也故天之所爲者與天爲一也與天爲一則物之所以最是以邠人相從而歸也故曰民相連而從之遂成國於岐山之下

越人三世弒其君王子搜患之逃乎丹穴而越國無君求王子搜不得從之丹穴王子搜

南華真經新傳

不肯出越人薰之以艾乘以玉輿王子搜援綏登車仰天而呼曰君乎君乎獨不可以舍我乎王子搜非惡爲君也惡爲君之患也若王子搜者可謂不以國傷生矣此固越人之所欲得爲君也韓魏相與爭侵地子華子見昭僖侯昭僖侯有憂色子華子曰今使天下書銘於君之前書之言曰左手攫之則右手廢右手攫之則左手廢然而攫之者必有天下君能攫之乎昭僖侯曰寡人不攫也子華子曰甚善自是觀之兩臂重於天下也身亦

重於兩臂韓之輕於天下亦遠矣今之所爭者其輕於韓又遠君固愁身傷生以憂戚不得也僖侯曰善哉教寡人者衆矣未嘗得聞此言也子華子可謂知輕重矣

夫國土者虛器也蔽者不知而傷生以爭之此越之所以三世而弑君也惟達者知之而無心於君國此王子搜所以逃於丹穴而全生也然王子搜雖逃而越人固立以爲君所謂迫而後起也迫而後起則非得已此搜所以仰天而呼歎也若王子搜

者亦可謂之至人矣

魯君聞顏闔得道之人也使人以幣先焉顏闔守陋閭苴布之衣而自飯牛魯君之使者至顏闔自對之使者曰此顏闔之家與顏闔對曰此闔之家也使者致幣顏闔對曰恐聽者謬而遺使者罪不若審之使者還反審之復來求之則不得已故若顏闔者真惡富貴也

顏闔者可謂通達而無疵者也處貧賤不以爲惡槼富貴不以爲好當魯君之致幣

則囂然不顧而誑使者以其謬誤矣豈以物之儻來而爲悅乎此莊子之所以取之也故曰若顔闔者真惡富貴也

故曰道之真以治身其緒餘以爲國家其土苴以治天下由此觀之帝王之功聖人之餘事也非所以完身養生也

道之真以治身者以身爲入道之本也身入於道則推其餘可以爲國家崇其末可以治天下故曰其緒餘以爲國家其土苴以治天下然爲國家治天下者必成功功

非爲道之真也故曰帝王之功聖人之餘事也故功者興事造業之謂也興事造業則役形而用神故曰非所以完身養生也今世俗之君子多危身棄生以殉物豈不悲哉凡聖人之動作也必察其所以之與其所以爲今且有人於此以隨侯之珠彈千仞之雀世必笑之是何也則其所用者重而所要者輕也夫生者豈特隨侯之重哉子列子窮容貌有飢色客有言之於鄭子陽者曰列禦寇蓋有道之士居君之國而窮君無乃爲不

好士乎鄭子陽即令官遺之粟子列子見使
者再拜而辭使者去子列子入其妻望之而
拊心曰妾聞爲有道者之妻子皆得佚樂今
有飢色君過而遺先生食先生不受豈不命
邪子列子笑謂之曰君非自知我也以人之
言而遺我粟至其罪我也又且以人之言此
吾所以不受也其卒民果作難而殺子陽楚
昭王失國屠羊說走而從於昭王昭王反國
將賞從者及屠羊說屠羊說曰大王失國說
失屠羊大王反國說亦反屠羊臣之爵祿已

復矣又何賞之有王曰強之屠羊説曰大王失國非臣之罪故不敢伏其誅大王反國非臣之功故不敢當其賞王曰見之屠羊説曰楚國之法必有重賞大功而後得見今臣之知不足以存國而勇不足以死寇吳軍入郢裁畏難而避寇非故隨大王也今大王欲廢法毀約而見説此非臣之所以聞天下也王謂司馬子綦曰屠羊説居處卑賤而陳義甚高子綦爲我延之以三旌之位屠羊説曰夫三旌之位吾知其貴於屠羊之肆也萬鍾之

南華真經新傳

禄吾知其富於屠羊之利也然豈可以貧爵禄而使者君有妄施之名乎説不敢當願復反吾屠羊之肆遂不受也

夫生者性命之本也物者養生之具也生爲重物爲輕達者全其所重而忘所輕其生所以生生也世俗忘其所重而殉所輕其生所以不存也此莊子所以有隨珠彈雀之喻矣

原憲居魯環堵之室茨以生草蓬戶不完桑以爲樞而甕牖二室褐以爲塞上漏下濕匡

坐而弦子貢乘大馬中紺而表素軒車不容巷往見原憲原憲華冠縰履杖藜而應門子貢曰嘻先生何病原憲應之曰憲聞之無財謂之貧學而不能行謂之病今憲貧也非病也子貢逡巡而有愧色原憲笑曰夫希世而行比周而友學以爲人教以爲已仁義之慝輿馬之飾憲不忍爲也曾子居衛緼袍無表顔色腫噲手足胼胝三日不舉火十年不製衣正冠而纓絶捉衿而肘見納履而踵決曳縰而歌商頌聲滿天地若出金石天子不得

臣諸侯不得友故養志者忘形養形者忘利致道者忘心矣

夫富與貴是人之所好也貧與賤是人之所惡也所好所惡皆生於有心惟能無心則好惡所以忘好惡忘則處富貴不知其富貴居貧賤不知其貧賤汎然自得於胷中所以逍遥於天地之間也若原憲曾子者可謂無心矣憲居環堵之室蓬戶而甕牖曾子顏色腫噲而衣冠皆決壞二人未嘗惡貧而忘道故或弦而歌而忘形自得

南華真經新傳

矣豈務殉物而傷生歟此所以異於世俗矣故曰致道者忘心

孔子謂顏回曰回來家貧居卑胡不仕乎顏回對曰不願仕回有郭外之田五十畝足以給飦粥郭內之田十畝足以爲絲麻鼓琴足以自娛所學夫子道者是以自樂也回不願仕孔子愀然變容曰善哉回之意丘聞之知足者不以利自累也審自得者失之而不懼行修於內者無位而不怍丘誦之久矣今於回而後見之是丘之得也中山公子牟謂瞻

子曰身在江海之上心居乎魏闕之下奈何瞻子曰重生重生則利輕中山公子牟曰雖知之未能勝也瞻子曰不能自勝則從神無惡乎不能自勝而强不從者此之謂重傷重傷之人無壽類矣魏牟萬乘之公子也其隱巖穴也難爲於布衣之士雖未至乎道可謂有其意矣

夫外冥其極者內所以自足自足則所以不憂矣顏回者可謂能冥其極也有六十畝之田不願仕所以鼓琴而自娛也夫不

仕者自足也自娛者不憂也不憂所以為至樂至樂全則自得而已矣是以孔子稱之而以為是丘之得也是丘之得者聖人之所以深得也

孔子窮於陳蔡之間七日不火食藜羹不糝顏色甚憊而弦歌於室顏回擇菜子路子貢

相與言曰夫子再逐於魯削迹於衛伐樹於宋窮於商周圍於陳蔡殺夫子者無罪藉夫子者無禁弦歌鼓琴未嘗絶音君子之無恥也若此乎顏回無以應入告孔子孔子推琴

喟然而歎曰由與賜細人也召而來吾語之子路子貢入子路曰如此者可謂窮矣孔子曰是何言也君子通於道之謂通窮於道之謂窮今丘抱仁義之道以遭亂世之患其何窮之爲故内省而不窮於道臨難而不失其德天寒既至霜雪既降吾是以知松柏之茂也陳蔡之隘於丘其幸乎孔子削然反琴而弦歌子路扢然執干而舞子貢曰吾不知天之高也地之下也古之得道者窮亦樂通亦樂所樂非窮通也道德於此則窮通爲寒暑

南華真經新傳

風雨之序矣故許由娛於穎陽而共伯得乎丘首舜以天下讓其友北人無擇北人無擇曰異哉后之爲人也居於畎畝之中而遊堯之門不若是而已又欲以其辱行漫我吾羞見之因自投清冷之淵

聖人能全其天樂也天樂全則萬物不足以憂之此孔子窮於陳蔡而弦歌不息也子路子貢者不知聖人樂天知命而不憂以爲君子之無恥此孔子不得不語之以窮通之理也夫窮者非窮於道也通者非

達於時也以不能知道則謂之窮能通於道則謂之通聖人於道不窮而曲通所不遇者時而已豈若細人而自窮於道乎此聖人自得如此而不改其樂也樂不改則利害榮辱不能汩于中任其所變而已矣此子貢遽悟而所以有古之得道者窮亦樂通亦樂之言又曰道德於此則窮通爲寒暑風雨之序矣

湯將伐桀因卞隨而謀卞隨曰非吾事也湯曰孰可曰吾不知也湯又因瞀光而謀瞀光

曰非吾事也湯曰孰可曰吾不知也湯曰伊尹何如曰强力忍垢吾不知其他也湯遂與伊尹謀伐桀尅之以讓卞隨卞隨辭曰后之伐桀也謀乎我必以我爲賊也勝桀而讓我必以我爲貪也吾生乎亂世而無道之人再來漫我以其辱行吾不忍數聞也乃自投椆水而死湯又讓瞀光曰知者謀之武者遂之仁者居之古之道也吾子胡不立乎瞀光辭曰廢上非義也殺民非仁也人犯其難我享其利非廉也吾聞之曰非其義者不受其祿

無道之世不踐其土況尊我乎吾不忍久見也乃負石而自沈於廬水昔周之興有士二人處於孤竹曰伯夷叔齊二人相謂曰吾聞西方有人似有道者試往觀焉至於岐陽武王聞之使叔旦往見之與之盟曰加富二等就官一列血牲而埋之二人相視而笑曰嘻異哉此非吾所謂道也昔者神農之有天下也時祀盡敬而不祈喜其於人也忠信盡治而無求焉樂與政爲政樂與治爲治不以人之壞自成也不以人之卑自高也不以遭時

自利也今周見殷之亂而遽為政上謀而下行貨阻兵而保威割牲而盟以為信揚行以說衆殺伐以要利是推亂以易暴也吾聞古之士遭治世不避其任遇亂世不為苟存今天下闇周德衰其並乎周以塗吾身也不如避之以潔吾行二子北至於首陽之山遂餓而死焉若伯夷叔齊者其於富貴也苟可得已則必不賴高節戾行獨樂其志不事於世此二士之節也

夫湯放桀武王伐紂所以應天而順人也

應天者可謂知於天順人者可謂知於人能知天人之所爲則此湯武之所以聖也故瞀光卞隨伯夷叔齊者不知湯武之所爲而共非之又不忍聞其事而自投於洪流餓死於首陽可謂不該不徧之士也夫賊仁者謂之賊賊義者謂之殘仁義者道德之著而殘賊之則大道所以愈廢也大道廢則天下性命之情不正矣此湯武所以必伐而反性命之正也數子者不達於妙理而徒蔽於分寸豈得謂之該徧之士

矣夫莊子之作此篇所以叙至人之所爲而明無心之妙道其爲言各有其序矣夫中天下而帝者人之所樂也故首言堯舜不以天下爲意而相讓君一國亦人之所樂也次言大王子搜不以邠越累心而逃去貧賤者人之所惡也故言顏闔列子原憲曾子顏回不以貧賤爲意而務去及其終則言孔子之窮於陳蔡湯武之除於桀紂所以明無心之道也夫孔子之在陳蔡豈有心於憂患乎故弦歌不絶而自適也

湯武之除桀紂豈有心於得天下乎故去其殘賊而反正也莊子能知古人之意而言之所以覺天下之蔽俗也

南華真經新傳卷之十七

南華真經新傳卷之十八　積八

宋　王　元　澤　傳

盜跖篇

夫達生之暫聚不役富貴利祿而自適其天性此盜跖如此而已矣莊子因而作盜跖篇

孔子與柳下季爲友柳下季之弟名曰盜跖盜跖從卒九千人横行天下侵暴諸侯穴室樞戶驅人牛馬取人婦女貪得忘親不顧父母兄弟不祭先祖所過之邑大國守城小國

入保萬民苦之孔子謂柳下季曰夫爲人父者必能詔其子爲人兄者必能教其弟若父不能詔其子兄不能教其弟則無貴父子兄弟之親矣今先生世之才士也弟爲盜跖爲天下害而弗能教也丘竊爲先生羞之丘請爲先生往説之柳下季曰先生言爲人父者必能詔其子爲人兄者必能教其弟若子不聽父之詔弟不受兄之教雖今先生之辯將柰之何哉且跖之爲人也心如涌泉意如飄風强足以拒敵辯足以飾非順其心則喜逆

其心則怒易辱人以言先生必無往孔子不聽顔回爲馭子貢爲右往見盜跖盜跖乃方休卒徒大山之陽膾人肝而餔之孔子下車而前見謁者曰魯人孔丘聞將軍高義敬再拜謁者謁者入通盜跖聞之大怒目如明星髮上指冠曰此夫魯國之巧僞人孔丘非邪爲我告之爾作言造語妄稱文武冠枝木之冠帶死牛之脅多辭謬説不耕而食不織而衣搖脣鼓舌擅生是非以迷天下之主使天下學士不反其本妄作孝弟而儌倖於封侯

富貴者也子之罪大極重疾走歸不然我將以子肝益晝餔之膳孔子復通曰丘得幸於季願望履幕下謁者復通盜跖曰使來前孔子趨而進避席反走再拜盜跖盜跖大怒兩展其足案劍瞋目聲如乳虎曰丘來前若所言順吾意則生逆吾心則死孔子曰丘聞之凡天下有三德生而長大美好無雙少長貴賤見而皆說之此上德也知維天地能辯諸物此中德也勇悍果敢聚衆率兵此下德也凡人有此一德者足以南面稱孤矣今將軍

兼此三者身長八尺二寸面目有光脣如激
丹齒如齊貝音中黃鍾而名曰盜跖丘竊爲
將軍恥不取焉將軍有意聽臣臣請南使吳
越北使齊魯東使宋衛西使晉楚使爲將軍
造大城數百里立數十萬戶之邑尊將軍爲
諸侯與天下更始罷兵休卒收養昆弟共祭
先祖此聖人才士之行而天下之願也盜跖
大怒曰丘來前夫可規以利而可諫以言者
皆愚陋恒民之謂耳今長大美好人見而說
之者此吾父母之遺德也丘雖不吾譽吾獨

不自知邪且吾聞之好面譽人者亦好背而毀之今丘告我以大城衆民是欲規我以利而恒民畜我也安可長久也城之大者莫大乎天下矣堯舜有天下子孫無置錐之地湯武立爲天子而後世絶滅非以其利大故邪

且吾聞之古者禽獸多而人民少於是民皆巢居以避之晝拾橡栗暮栖木上故命之曰有巢氏之民古者民不知衣服夏多積薪冬則煬之故命之曰知生之民神農之世卧則居居起則于于民知其母不知其父與麋鹿

南華真經新傳

共處耕而食織而衣無有相害之心此至德之隆也然而黃帝不能致德與蚩尤戰於涿鹿之野流血百里堯舜作立群臣湯放其主武王殺紂自是之後以强陵弱以衆暴寡湯武以來皆亂人之徒也今子修文武之道掌天下之辯以教後世縫衣淺帶矯言僞行以迷惑天下之主而欲求富貴焉盜莫大於子天下何故不謂子爲盜丘而乃謂我爲盜跖子以甘辭說子路而使從之使子路去其危冠解其長劍而受教於子天下皆曰孔丘能

止暴禁非其卒之也子路欲殺衛君而事不成葅於衛東門之上是子教之不至也子自謂才士聖人邪則再逐於魯削跡於衛窮於齊圍於陳蔡不容身於天下子教子路葅此患上無以爲身下無以爲人子之道豈足貴邪世之所高莫若黃帝黃帝尚不能全德而戰涿鹿之野流血百里堯不慈舜不孝禹偏枯湯放其主武王伐紂文王拘羑里此六子者世之所高也孰論之皆以利惑其真而強反其情性其行乃甚可羞也世之所謂賢士

伯夷叔齊辭孤竹之君而餓死於首陽之山骨肉不葬鮑焦飾行非世抱木而死申徒狄諫而不聽負石自投於河為魚鼈所食介子推至忠也自割其股以食文公文公後背之子推怒而去抱木而燔死尾生與女子期於

積八　四

梁下女子不來水至不去抱梁柱而死此四者無異於磔犬流豕操瓢而乞者皆離名輕死不念本養壽命者也世之所謂忠臣者莫若王子比干伍子胥子胥沈江比干剖心此二子者世謂忠臣也然卒為天下笑自上觀

之至于子胥比干皆不足貴也丘之所以說我者若告我以鬼事則我不能知也若告我以人事者不過此矣皆吾所聞知也今吾告子以人之情目欲視色耳欲聽聲口欲察味志氣欲盈人上壽百歲中壽八十下壽六十除病瘦死喪憂患其中開口而笑者一月之中不過四五日而已矣天與地無窮人死者有時操有時之具而託於無窮之間忽然無異騏驥之馳過隙也不能說其志意養其壽命者皆非通道者也丘之所言皆吾之所棄

也亟去走歸無復言之子之道狂狂汲汲詐巧虛僞事也非可以全真也奚足論哉孔子再拜趨走出門上車執轡三失目芒然無見色若死灰據軾低頭不能出氣歸到魯東門外適遇柳下季柳下季曰今者闕然數日不見車馬有行色得微往見跖邪孔子仰天而歎曰然柳下季曰跖得無逆汝意若前乎孔子曰然丘所謂無病而自灸也疾走料虎頭編虎須幾不免虎口哉

夫大城衆邑崇位厚祿皆物之所以儻來

也物之儻來則累於形累於形則傷於生豈以有涯之生而役於儻來之物乎如此則性命之正不存矣況人生於天地之間其壽難及於百年而百年之中疾病憂患則過半矣其所以安閑而自適者幾稀豈務役物而傷生乎此跖之所以不樂爲諸俟而所以自適其性也故曰天與地無窮人死者有時操有時之具而託於無窮之間忽然無異騏驥之馳過隙也此莊子託跖而爲言其篇屬於寓言矣

子張問於滿苟得曰盍不爲行無行則不信不信則不任不任則不利故觀之名計之利而義真是也若棄名利反之於心則夫士之爲行不可一日不爲乎滿苟得曰無恥者富多信者顯夫名利之大者幾在無恥而信故觀之名計之利而信真是也若棄名利反之於心則夫士之爲行抱其天乎子張曰昔者桀紂貴爲天子富有天下今謂臧聚曰汝行如桀紂則有怍色有不服之心者小人所賤也仲尼墨翟窮爲匹夫今爲宰相曰子行如

仲尼墨翟則變容易色稱不足者士誠貴也
故勢爲天子未必貴也窮爲匹夫未必賤也
貴賤之分在行之美惡滿苟得曰小盜者拘
大盜者爲諸侯諸侯之門義士存焉昔者桓
公小白殺兄入嫂而管仲爲臣田成子常殺

君竊國而孔子受幣論則賤之行則下之則
是言行之情悖戰於胷中也不亦拂乎故書
曰孰惡孰美成者爲首不成者爲尾子張曰
子不爲行即將疏戚無倫貴賤無義長幼無
序五紀六位將何以爲別乎滿苟得曰堯殺

長子舜流母弟踈戚有倫乎湯放桀武王殺
紂貴賤有義乎王季爲適周公殺兄長幼有
序乎儒者僞辭墨者兼愛五紀六位將有別
乎且子正爲名我正爲利名利之實不順於
理不監於道吾日與子訟於無約曰小人殉
財君子殉名其所以變其情易其性則異矣
乃至於棄其所爲而殉其所不爲則一也故
曰無爲小人反殉而天無爲君子從天之理
若枉若直相爲天極面觀四方與時消息若
是若非執而圓機獨成而意與道徘徊無轉

而行無成而義將失而所爲無赴而富無殉而成將棄而天比干剖心子胥抉眼忠之禍也直躬證父尾生溺死信之患也鮑子立乾勝子不自理廉之害也孔子不見母匡子不見父義之失也此上世之所傳下世之所語以爲士者正其言必其行故服其殃離其患也無足問於知和曰人卒未有不興名就利者彼富則人歸之歸則下之下則貴之夫見下貴者所以長生安體樂意之道也今子獨無意焉知不足邪意知而力不能行邪故推

正不忘邪知和曰今夫此人以爲與已同時
而生同鄉而處者以爲夫絶俗過世之士焉
是專無主正所以覽古今之時是非之分也
與俗化世去至重棄至尊以爲其所爲也此
其所以論長生安體樂意之道不亦遠乎慘
怛之疾恬愉之安不監於體怵惕之恐欣歡
之喜不監於心知爲爲而不知所以爲是以
貴爲天子富有天下而不免於患也無足曰
夫富之於人無所不利窮美究勢至人之所
不得逮賢人之所不能及俠人之勇力而以

爲威强秉人之知謀以爲明察因人之德以爲賢良非享國而嚴若君父且夫聲色滋味權勢之於人心不待學而樂之體不待象而安之夫欲惡避就固不待師此人之性也天下雖非我孰能辭之知和曰知者之爲故動以百姓不違其度是以足而不爭無以爲故不求不足故求之爭四處而不自以爲貪有餘故辭之棄天下而不自以爲廉廉貪之實非以迫外也反監之度勢爲天子而不以貴驕人富有天下而不以財戲人計其患慮其

反以爲害於性故辭而不受也非以要名譽也堯舜爲帝而雍非仁天下也不以美害生也善卷許由得帝而不受非虛辭讓也不以事害已此皆就其利辭其害而天下稱賢焉則可以有之彼非以興名譽也無足曰必持其名苦體絕甘約養以持生則亦久病長阨而不死者也知和曰平爲福有餘爲害者物莫不然而財其甚者也今富人耳營鍾鼓筦籥之聲口嗛於芻豢醪醴之味以感其意遺忘其業可謂亂矣侅溺於馮氣若負重行而

上也可謂苦矣貪財而取慰貪權而取竭靜居則溺體澤則馮可謂疾矣為欲富就利故滿若堵耳而不知避且馮而不舍可謂辱矣財積而無用服膺而不舍滿心戚醮求益而不止可謂憂矣內則疑刦請之賊外則畏寇盜之害內周樓疏外不敢獨行可謂畏矣此六者天下之至害也皆遺忘而不知察及其患至求盡性竭財單以反一日之無故而不可得也故觀之名則不見求之利則不得繚意絕體而爭此不亦惑乎

滿苟得者以苟得外物而充滿其欲也無足者以役於外物而未嘗自足也此莊子製二子之名而寓意夫子張賢人也以仁義之道足以治身足以立名豈必苟求外物而傷生此子張所以挫苟得之鋭也然苟得者惑於所得而易性非顧仁義之道不立歟此所以終不從子張之言也知和者製名也以中和之道足以治心足以行己豈必役於貨財權勢而傷生此知和所以窒無足之欲也然無足者惑於不足而

動心非顧中和之道不存歟此所以終不信知和之言也此莊子託二子之惑而以譏世俗之失性也故終於不亦惑乎之言也亦所以爲寓言

說劒篇

夫天下國家者聖人之利器而其用必在於善藏而其權不可示人矣此莊子因而作說劒篇

昔趙文王喜劒劒士夾門而客三千餘人日夜相擊於前死傷者歲百餘人好之不厭如

南華真經新傳

是三年國衰諸侯謀之太子悝患之募左右曰孰能說王之意止劒士者賜之千金左右曰莊子當能太子乃使人以千金奉莊子莊子弗受與使者俱往見太子曰太子何以教周賜周千金太子曰聞夫子明聖謹奉千金以幣從者夫子弗受悝尚何敢言莊子曰聞太子所欲用周者欲絕王之喜好也使臣上說大王而逆王意下不當太子則身刑而死周尚安所事金乎使臣上說大王下當太子趙國何求而不得也太子曰然吾王所見唯

劍士也莊子曰諸周善爲劍太子曰然吾王所見劍士皆蓬頭突鬢垂冠曼胡之纓短後之衣瞋目而語難王乃說之今夫子必儒服而見王事必大逆莊子曰請治劍服治劍服三日乃見太子太子乃與見王王脫白刃待之莊子入殿門不趨見王不拜王曰子欲何以教寡人使太子先曰臣聞大王喜劍故以劍見王王曰子之劍何能禁制曰臣之劍十步一人千里不留行王大說之曰天下無敵矣莊子曰夫爲劍者示之以虛開之以利後

之以發先之以至願得試之

夫退處幽𡨋而操至權以獨運斡萬化於不測力旋天地而世莫覩其健威服海内而人不名以武者此聖人之所以能用利器也豈暴露神靈而使衆得而議之哉是以莊子説劒而言示之以虚開之以利後之以發先之以至也夫示之以虚者所謂退處幽𡨋也開之以利者所謂斡於萬化也後之以發者所謂力旋天地也先之以至者所謂威服海内也故處幽𡨋則百姓

日用而不知斡萬化則萬物贍足而衣被旋天地則與造化冥運而生成服海内則以神道設教而無方此所寓爲天下國家之道於說劒而趙文不悟其言也復使莊周就舍待命而試爲劒何其蒙蔽之過乎

猗八

十一

天子之劒以燕谿石城爲鋒齊岱爲鍔晉魏爲脊周宋爲鐔韓魏爲夾包以四夷裹以四時繞以渤海帶以常山制以五行論以刑德開以陰陽持以春夏行以秋冬此劒直之無前舉之無上案之無下運之無旁上決浮雲

下絶地紀此劒一用匡諸侯天下服矣此天子之劒也文王芒然自失曰諸侯之劒何如曰諸侯之劒以知勇士爲鋒以清廉士爲鍔以賢良士爲脊以忠勝士爲鐔以豪桀士爲夾此劒直之亦無前舉之亦無上案之亦無下運之亦無旁上法圓天以順三光下法方地以順四時中知民意以安四鄉此劒一用如雷霆之震也四封之内無不賓服而聽從君命者矣此諸侯之劒也王曰庶人之劒何如曰庶人之劒蓬頭突鬢垂冠曼胡之纓短

後之衣瞋目而語難相擊於前上斬頸領下決肝肺此庶人之劒無異於鬭雞一旦命已絶矣無所用於國事今大王有天子之位而好庶人之劒臣竊爲大王薄之王乃牽而上殿宰人上食王三環之莊子曰大王安坐定氣劒事已畢奏矣於是文王不出宫三月劒士皆服斃其處也

天子之劒者所謂天下之利器也諸侯之劒者所謂國家之利器也庶人之劒者所謂有爲之器也天下之利器不可以强爲

爲者所以敗之矣惟能無爲而藏用則天下所以自化也故曰天下服國家之利器不可以妄執執者所以失之矣亦能無爲而藏用則四境所以自治也故四封之内無不賓服有爲之器不可以妄動動者所以悔生矣不能戢戈偃武而樂用則國事所以自廢也故曰無所用於國事此三劍者莊子所以言帝王諸侯無爲有爲之道也趙文遽悟周之所言而致敬於莊子故命宰人上食而王親環繞以盡禮可謂幾

於不惑也然推莊子作此篇之意則非爲趙文而言之也故屬於寓言

南華真經新傳卷之十八

南華真經新傳卷之十九　　積九

宋　王　元　澤　傳

漁父篇

夫能忘憂保真脱於世俗之拘係而樂於江海之游者此惟林漁父若是矣莊子因而作漁父篇

孔子遊乎緇帷之林休坐乎杏壇之上弟子讀書孔子弦歌鼓琴奏曲未半有漁父者下船而來鬚眉交白被髮揄袂行原以上距陸而止左手據膝右手持頤以聽曲終而招子

卷十九第一

貢子路二人俱對客指孔子曰彼何爲者也子路對曰魯之君子也客問其族子路對曰族孔氏客曰孔氏者何治也子路未應子貢對曰孔氏者性服忠信身行仁義飾禮樂選人倫上以忠於世主下以化於齊民將以利天下此孔氏之所治也又問曰有土之君與子貢曰非也侯王之佐與子貢曰非也客乃笑而還行言曰仁則仁矣恐不免其身苦心勞形以危其真嗚呼遠哉其分於道也子貢還報孔子孔子推琴而起曰其聖人與乃下

求之至於澤畔方將杖拏而引其船顧見孔子還鄉而立孔子反走再拜而進客曰子將何求孔子曰曩者先生有緒言而去丘不肖未知所謂竊待於下風幸聞咳唾之音以卒相丘也客曰嘻甚矣子之好學也孔子再拜而起曰丘少而脩學以至於今六十九歲矣無所得聞至教敢不虛心客曰同類相從同聲相應固天之理也吾請釋吾之所有而經子之所以子之所以者人事也天子諸侯大夫庶人此四者自正治之羙也四者離位而

○亂莫大焉官治其職人憂其事乃無所陵故○
田荒室露衣食不足徵賦不屬妻妾不和長
少無序庶人之憂也能不勝任官事不治行
不清白群下荒怠功美不有爵祿不持大夫
之憂也廷無忠臣國家昏亂工技不巧貢職
不美春秋後倫不順天子諸侯之憂也陰陽
不和寒暑不時以傷庶物諸侯暴亂擅相攘
伐以賤民人禮樂不節財用窮匱人倫不飭
百姓淫亂天子有司之憂也今子既上無君
侯有司之勢而下無大臣職事之官而擅飾

禮樂選人倫以化齊民不泰多事乎且人有八疵事有四患不可不察也非其事而事之謂之總莫之顧而進之謂之佞希意導言謂之諂不擇是非而言謂之諛好言人之惡謂之讒析交離親謂之賊稱譽詐僞以敗惡人謂之慝不擇善否兩容頰適偷拔其所欲謂之險此八疵者外以亂人內以傷身君子不友明君不臣所謂四患者好經大事變更易常以挂功名謂之叨專知擅事侵人自用謂之貪見過不更聞諫愈甚謂之狠人同於己

則可不同於己雖善不善謂之矜此四患也能去八疵無行四患而始可教已孔子愀然而歎再拜而起曰丘再逐於魯削迹於衛伐樹於宋圍於陳蔡丘不知所失而離此四謗者何也客悽然變容曰甚矣子之難悟也人有畏影惡迹而去之走者舉足愈數而迹愈多走愈疾而影不離身自以為尚遲疾走不休絕力而死不知處陰以休影處靜以息迹愚亦甚矣子審仁義之間察同異之際觀動靜之變適受與之度理好惡之情和喜怒之

節而幾於不免矣謹修而身愼守其眞還以物與人則無所累矣今不修之身而求之人不亦外乎

夫造物者之造物均受其命而各付其分矣惟人一受成形而不變以待盡故憂患從而以爲累此漁父所以有四憂八疵四患之言也夫有心者必有我有我則外不能冥其極也外不能冥其極則衣食之不足爵祿之不持貢職之不美財用之匱乏皆所爲憂而已矣憂既生而務役其物以

解憂故總佞諂諛讒賊險慝之疵亦從而生矣八疵生則貪叨矜狠又從而繼生是皆有心有我不能冥極之所致也惟庶人大夫諸侯天子皆冥其極而無心無我則衣食爵祿貢職財用皆度外之物爾豈能累我而爲憂乎故不憂而已矣不憂則自得自得則入於無疵也八疵四患又何見其交生乎此莊子託漁父以言其冥極之事也周之所言豈爲得已乎

孔子愀然曰請問何謂真客曰真者精誠之

至也不精不誠不能動人故强哭者雖悲不哀强怒者雖嚴不威强親者雖笑不和真悲無聲而哀真怒未發而威真親未笑而和真在内者神動於外是所以貴真也其用於人理也事親則慈孝事君則忠貞飲酒則歡樂處喪則悲哀忠貞以功爲主飲酒以樂爲主處喪以哀爲主事親以適爲主功成之美無一其迹矣事親以適不論所以矣飲酒以樂不選其具矣處喪以哀無問其禮矣禮者世俗之所爲也真者所以受於天也自然不可

易也故聖人法天貴真不拘於俗愚者反此不能法天而恤於人不知貴真禄禄而受變於俗故不足惜哉子之蚤湛於人僞而晚聞大道也孔子又再拜而起曰今者丘得遇也若天幸然先生不羞而比之服役而身教之敢問舍所在請因受業而卒學大道客曰吾聞之可與往者與之至於妙道不可與往者不知其道慎勿與之身乃無咎子勉之吾去子矣吾去子矣乃刺船而去延緣葦間顔淵還車子路授綏孔子不顧待水波定不聞拏

南華真經新傳

音而後敢乘子路旁車而問曰由得爲役久矣未嘗見夫子遇人如此其威也萬乘之主千乘之君見夫子未嘗不分庭伉禮夫子猶有倨傲之容今漁父杖拏逆立而夫子曲要磬折言拜而應得無太甚乎門人皆怪夫子矣漁父何以得此乎孔子伏軾而歎曰甚矣由之難化也湛於禮義有間矣而樸鄙之心至今未去進吾語汝夫遇長不敬失禮也見賢不尊不仁也彼非至仁不能下人下人不精不得其真故長傷身惜哉不仁之於人也

禍莫大焉而由獨擅之且道者萬物之所由也庶物失之者死得之者生爲事逆之則敗順之則成故道之所在聖人尊之今漁父之於道可謂有矣吾敢不敬乎

內直而不假於物者眞也內直者本於精也不假於物者出於誠也故曰眞者精誠之至也故精全則與天爲一也誠至則可動於天也如此則豈不動於人歟惟不精不誠不能與天爲徒而動於天亦不能於人矣故曰不精不誠不能動人此篇亦屬

於寓言

列禦寇篇

夫知道達德而外不能遺形忘己而與物同則未爲至人而已矣此莊子因而作列禦寇之篇

列禦寇之齊中道而反遇伯昏瞀人伯昏瞀人曰奚方而反曰吾驚焉曰惡乎驚曰吾嘗食於十漿而五漿先饋伯昏瞀人曰若是則汝何爲驚已曰夫內誠不解形諜成光以外鎮人心使人輕乎貴老而齏其所患夫漿人

特爲食羮之貨多餘之贏其爲利也薄其爲權也輕而猶若食而況於萬乘之主乎身勞於國而知盡於事彼將任我以事而效我以功吾是以驚伯昏瞀人曰善哉觀乎汝處己人將保汝矣無幾何而往則戶外之屨滿矣

伯昏瞀人北面而立敦杖蹙之乎頤立有間不言而出賓者以告列子列子提屨跣而走暨乎門曰先生既來曾不發藥乎曰已矣吾固告汝曰人將保汝果保汝矣非汝能使人保汝而汝不能使人無保汝也而焉用之感

豫出異也必且有感搖而本性又無謂也
夫至人者内所以藏其真外所以和其光
藏真者固欲遺其形和光者要不異於物
故所處則使人不貴己所爲則使人不可
知與俗況冥而中心自得此至人之道如
此也至于禦寇則不然雖曰乘風適性而
未能遺形齊物而外有所矜飾之齊則致
五漿之先饋也夫漿之先饋者此人之所
以致恭也恭而不已則生悅慕之心悅慕
之心生則皆歸從而保聚是己之所以反

爲於物先也豈爲至人之道歟此伯昏瞀人所以有人將保汝之言也

與汝遊者又莫汝告也彼所小言盡人毒也莫覺莫悟何相孰也巧者勞而知者憂無能者無所求飽食而遨遊汎若不繫之舟虛而

遨遊者也

巧者愈務其巧也其形所以嘗勞矣故曰巧者勞智者慮其有失也其心所以嘗憂矣故曰知者憂此皆矜能役物之累也惟聖人敦乎若朴而未嘗見其能寂然無心

而未嘗見其求逍遙於天地之間若虛舟之不繫也故曰無能者無所求飽食而遨遊汎若不繫之舟虛而遨遊者也

鄭人緩也呻吟裘氏之地祇三年而緩爲儒河潤九里澤及三族使其弟墨儒墨相與辯其父助翟十年而緩自殺其父夢之曰使而子爲墨者予也闔胡嘗視其良既爲秋柏之實矣夫造物者之報人也不報其人而報其人之天彼故使彼夫人以已爲有以異於人以賤其親齊人之井飲者相捽也故曰今之

世皆緩也自是有德者以不知也而況有道者乎古者謂之遁天之刑

夫鄭緩之爲儒弟翟之爲墨因其性之所然也性者天之所付也人受天之性而其才各有所從也緣其所從而習貫則同於自然而已矣故緩之才性從於學其終所以爲儒也翟之才性從於儉其終所以爲墨也故曰造物者之報人不報其人而報其人之天報其人之天者所謂使之習貫而同自然也緩不知其所以而以弟由己

南華真經新傳

化而反勝已故感激怨憤以傷生所謂大惑而已矣莊子所以譏其所惑也

聖人安其所安不安其所不安衆人安其所不安不安其所安

聖人安其所安者所謂存其正正也不安

稍九

其所不安者所謂亡其不正也衆人安其所不安者所謂存其不正也不安其所安者所謂亡其正正也正正存則所以為聖人不正存則所以為衆人矣

八

莊子曰知道易勿言難知而不言所以之天

卷十九第十

也知而言之所以之人也古之人天而不人
朱泙漫學屠龍於支離益單千金之家三年
技成而無所用其巧
道若大路然知之所以爲易也故曰知道
易知於大道則勿言所以爲難也故曰勿
言難夫知道而晦默則無爲也故曰知而
不言所以之天也知道而騰說則有爲也
故曰知而言之所以之人也惟聖人心得
於道而無爲不有爲故曰古之人天而不
人也

聖人以必不必故無兵衆人以不必必之故多兵順於兵故行有求兵恃之則亡

道者無爲之朴也兵者有爲之器也聖人體道無爲而順物情所以無兵而已矣故曰聖人以必不必故無兵衆人亡道有爲而迕物情所以多兵而已矣故曰衆人以不必必之故多兵多兵則順兵而外求也故曰順於兵故行有求然兵者聖人不得已而用之也豈務樂用而持之歟持之則固難以存也故曰兵恃之則亡

小夫之知不離苞苴竿牘敝精神蹇淺而欲兼濟道物太一形虛若是者迷惑于宇宙形累不知太初彼至人者歸精神乎無始而甘冥乎無何有之鄉水流乎無形發泄乎太清悲哉乎汝爲知在豪毛而不知大寧

天下之世俗以遺問之具爲其道而以蹇淺之知爲其智勞形敝神而欲以澤世而導物是迷於妙有之至道而暗於太初之真理所謂心惑而力不贍也安知至人之所爲乎夫至人入道之至妙遊心於太初

出處寢臥於無盡之域而其行所以不窒其用所以無方澤世甚物而天下莫知其爲也豈若世俗之所爲乎故曰彼至人者歸精神乎無始而甘瞑乎無何有之鄉水流乎無形發泄乎太清

宋人有曹商者爲宋王使秦其往也得車數乘王悅之益車百乘反於宋見莊子曰夫處窮閭阨巷困窘織屨槁項黄馘者商之所短也一悟萬乘之主而從車百乘者商之所長也莊子曰秦王有病召醫破癰潰痤者得車

一乘舐痔者得車五乘所治愈下得車愈多子豈治其痔邪何得車之多也子行矣

闕傳

魯哀公問乎顏闔曰吾以仲尼爲貞幹國其有瘳乎曰殆哉圾乎仲尼方且飾羽而畫從事華辭以支爲旨忍性以視民而不知不信受乎心宰乎神夫何足以上民彼宜汝與予頤與誤而可矣今使民離實學僞非所以視民也爲後世慮不若休之難治也施於人而不忘非天布也商賈不齒雖以事齒之神者

弗齒

聖人者與天地合其德與陰陽同其功不露其神而付物自化不顯其迹而使人相慕窈兮無爲而復歸於朴素豈欲爲臣於時歟此魯哀欲用仲尼而顔闔告之以殆哉圾乎也夫奥妙虚静者聖人之道也窈冥恢默者聖人之迹也道不可以知而迹不可以見今用於魯而爲輔臣則是道可知而迹可見天下必飾外尚辭而擬之矣如此則聖人不得不有爲而天下不得不

喪真非所以爲致治之理也故曰方且飾羽而畫從事華辭以支爲旨又曰難治也此顔闔能知聖人無用之用矣

爲外刑者金與木也爲内刑者動與過也宵人之離外刑者金木訊之離内刑者陰陽食之夫免乎外内之刑者惟真人能之

續九　十一

闇蔽之人所以有我有心也故有我則與物不齊諧有心則與物相靡刃此所以離内外之刑也夫與物不齊諧者自拘而所以傷生也故曰離外刑者金木訊之與物

相靡刃者樊和而亦所以傷生也故曰離內者陰陽食之此非不爲闇蔽之人乎故曰宵人惟真人無我無心而物莫爲之累安有傷生之患也故曰夫免乎內外之刑者惟真人能之

孔子曰凡人心險於山川難於知天天猶有春秋冬夏旦暮之期人者厚貌深情故有貌願而益有長若不肖有順懁而達有堅而縵有緩而釬

人之心處於至虛之地而居於杳寂之際

不可以智度而已故曰人心險於山川難於知天天由有其用而可知人心亦有其用而不可以知之故春秋冬夏旦暮之期是天之用也情貌願達緩釬之殊是心之用也天之用所期必至而可以知心之用所爲難副而不可知此孔子之深歎也

故其就義若渴者其去義若熱

就義若渴者見義而爲如得於飲也其去義若熱者見而不爲而必熱於中也是有爲而已安若不爲之爲歟非至人孰能與

南華真經新傳

比

故君子遠使之而觀其忠近使之而觀其敬煩使之而觀其能卒然問焉而觀其知急與之期而觀其信委之以財而觀其仁告之以危而觀其節醉之以酒而觀其則雜之以處而觀其色九徵至不肖人得矣

夫君子之人端而虛勉而一內直而外不役物也故其忠足以致主其敬足以奉上其能足以剸煩其智足以應變其信足以不約其仁足以兼濟其節足以拯危酒不

足以亂其神色不足以恍其心此君子所藏如此而挫銳解紛而與物無異小人所以同之而難也然而必欲知於君子者此莊子所以有遠使之以觀其忠近使之而觀其敬煩使之而觀其能卒然問焉而觀其知急與之期而觀其信委之以財而觀其仁告之以危而觀其節醉之以酒而觀其則雜之以處而觀其色之言也夫忠敬智能仁信節法者此君子皆備於身而可以觀之也觀之而不僞則小人固可以别

矣故曰九徵至不肖人得矣

正考父一命而傴再命而僂三命而俯循墻而走孰敢不軌如而夫者一命而呂鉅再命而於車上儛三命而名諸父孰協唐許

曾子再仕而心再化正考父三命而身愈恭蓋曾子以祿秩雖厚而不足以爲貴考父知軒冕儻來而不足以爲榮汝曾子謂之心化而考父可謂形化者乎不如是則莊子安得取之也

積九 十三

賊莫大乎德有心而心有眼及其有眼也而

内視内視而敗矣

夫不思而得則所謂德之無心也求而後得則所謂德之有心也有心之德則害性也故曰賊莫大乎德有心有心則心悅於外也故曰心有眼有眼則不能反視而觀於復惟務自内視外而喪其真故曰及其有眼也而内視内視而敗矣

凶德有五中德爲首何謂中德中有以自好也而吡其所不爲者也窮有八極達有三必形有六府美髯長大壯麗勇敢八

者俱過人也因以是窮緣循偃俠困畏不若人三者俱通達知慧外通勇敢多怨仁義多責

窮有八極達有三必形有六府者皆生有我者也惟能無我則八極不足以爲累三必不足以爲役六府不足以傷生非至人孰能與於此

達生之情者傀達於知者肖達大命者隨達小命者遭

達於生則無生也達於智則無智也達於

命則順命也無生則形復於無爲也故曰達生之情者傀無智則心無所係也故曰達於智者肖順命則任其壽夭也故曰達大命者隨達小命者遭然而達生所謂窮理也達性所謂盡性也達命所謂至命也

人有見宋王者錫車十乘以其十乘驕穉莊子莊子曰河上有家貧恃緯蕭而食者其子沒於淵得千金之珠其父謂其子曰取石來鍛之夫千金之珠必在九重之淵而驪龍頷下子能得珠者必遭其睡也使驪龍而寤子

積九 十四

尚奚微之有哉今宋國之深非直九重之淵也宋王之猛非直驪龍也子能得車者必遭其睡也使宋王而寤子爲虀粉夫或聘於莊子莊子應其使曰子見夫犧牛乎衣以文繡食以芻菽及其牽而入於太廟雖欲爲孤犢其可得乎

莊子者可謂無心於物也前有楚之召則引在笥之龜以自況而後有人之聘則指人廟之犧以爲喻是貴富不能累心也貴富不能累於心則死生焉足以動乎此所

以繼言其死也

莊子將死弟子欲厚葬之莊子曰吾以天地爲棺槨以日月爲連璧星辰爲珠璣萬物爲齎送吾葬具豈不備邪何以加此弟子曰吾恐烏鳶之食夫子也莊子曰在上爲烏鳶食在下爲螻蟻食奪彼與此何其偏也以不平平其平也不平以不徵徵其徵也不徵

夫死者時之適去也氣之暫散也去必有其來而散必有其聚至人知其如此而豈顧形骸之不葬歟此莊子所以有吾以天

地爲棺槨以日月爲連璧星辰爲珠璣萬物爲齎送吾具豈不備邪何以加此之言以言不葬之葬也夫不葬之葬反真也弟子尚惑而恐其烏鳶之所食非所以知莊子之達觀也

明者唯爲之使神者徵之夫明之不勝神也久矣而愚者恃其所見入於人其功外也不亦悲乎

神明者佛氏之所謂大神大明也大神無方大明有徵明不勝神用有差別故曰明

不勝神夫神之所用見獨也明之所用見有也見獨則所以入於天而見有則所以入於人入於人則未免於惑也故曰愚者恃其所見入於人其功外也不亦悲乎

南華真經新傳卷之十九

南華真經新傳卷之二十　積十

宋　王元澤　傳

天下篇

夫聖人之道不欲散散則外外則雜雜則道德不一於天下矣此莊子因而作天下篇

天下之治方術者多矣皆以其有爲不可加矣古之所謂道術者果惡乎在曰無乎不在曰神何由降明何由出聖有所生王有所成皆原於一

聖人之道散而百家之學盛其術行於天下而不一各以所爲盡道而不可增益也故曰天下之治方術者多矣皆以其爲不可加矣安知道不止於一方乎故曰古之所謂道術者果惡在曰無乎不在夫道無乎不在則其妙所以爲神而其徼所以爲明內所以爲聖而外所以爲王皆出於妙本之一也故曰神何由降明何由出聖有所生王有所成皆原於一此莊子極明大道於終篇以言及神明聖王四者矣

不離於宗謂之天人不離於精謂之神人不離於真謂之至人以天爲宗以德爲本以道爲門兆於變化謂之聖人以仁爲恩以義爲理以禮爲行以樂爲和薰然慈仁謂之君子以法爲分以名爲表以參爲驗以稽爲決其數一二三四是也百官以此相齒以事爲常以衣食爲主蕃息畜藏老弱孤寡爲意皆有以養民之理也

宗者道之原本也道之原本出於天故曰不離於宗謂之天人精者未離乎陽也未

離乎陽則天德之至也故曰不離於精謂之神人眞者內直而不假於物也故曰不離於眞謂之至人天者自然也德者自得也道者無爲也任於自然而自得以無爲則所以與化爲一也故曰以天爲宗以德爲本以道爲門兆於變化謂之聖人仁者愛也義者宜也禮者履也樂者和也出於道之散而及遠也故曰以仁爲恩以義爲理以禮爲行以樂爲和薰然慈仁謂之君子君子至人不及天人神人聖人矣

南華真經新傳

古之人其備乎配神明醇天地育萬物和天下澤及百姓明於本數係於末度六通四辟小大精粗其運無乎不在其明而在數度者舊法世傳之史尚多有之其在於詩書禮樂者鄒魯之士搢紳先生多能明之

聖人之道其妙所以無方而其徼所以及物其精粹所以同於天地其生成所以周於萬物其惠所以霑天下而其澤所以被群民存於妙本著於粗末推而行之發而至之未嘗不小未嘗不大自精至粗而無

有不在此聖人之道也故曰配神明醇天地育萬物和天下澤及百姓明於本數係於末度六通四辟小大精粗其運無乎不在夫聖人之道其精本於至妙而所以爲其獨見其粗存於法度而所以使衆人之可行是以搢紳之士能明之也故曰其明在數度者舊法世傳之史尚多有之其在於詩書禮樂者鄒魯之士搢紳先生多能明之此莊子所以卒明孔子之道也

詩以道志書以道事禮以道行樂以道和易

以道陰陽春秋以道名分其數散於天下而設於中國者百家之學時或稱而道之天下大亂賢聖不明道德不一天下多得一察焉以自好譬如耳目鼻口皆有所明不能相通猶百家衆技也皆有所長時有所用雖然不該不徧一曲之士也判天地之美析萬物之理察古人之全寡能備於天地之美稱神明之容

夫莊子之德不以萬物干其慮而能信其道者也彼非不知仁義也以爲仁義小而

不足行已彼非不知禮樂也以爲禮樂薄而不足化天下故老子曰道失而後德德失而後仁仁失而後義義失而後禮是知莊子非不達於仁義禮樂之意也彼以爲仁義禮樂者道之末也故薄之云爾夫儒者之言善也然未嘗求莊子之意好莊子之言者固知讀莊子之書也然亦未嘗求莊子之意也昔者先王之澤至莊子之時竭矣天下之俗譎詐大作質朴並散雖世之學士大夫未有知貴已賤物之道者也

於是棄絕乎禮義之緒奪攘乎利害之際趍利而不以爲辱殞身而不以爲怨漸漬陷溺以至乎不可投已莊子病之思以其說教天下之弊而歸之於正也其心過慮以爲仁義禮樂皆不足以正之故同是非齊彼我一利害而以足乎心爲得此其所以矯天下之弊者也既以其說矯弊矣不懼來世之遂實吾說而不見天地之純古人之大體也於是寄其心於此篇以自解故其篇曰詩以道志書以道事禮以道行

樂以道和易以道陰陽春秋以道名分由
此觀之莊子豈不知聖人之道哉又曰譬
如耳目鼻口皆有所明不能相通由百家
衆技也皆有所長時有所用用是明聖人
之道其全在彼而不在此而亦自列其書
於宋駢慎到墨翟老聃之徒俱爲不該不
徧一曲之士蓋欲以明吾之言有爲而作
非大道之全爾然則莊子豈有意於天下
之弊而存聖人之道乎伯夷之清柳下惠
之和皆有矯於天下者也莊子之用心亦

二聖人之徒矣
是故内聖外王之道闇而不明鬱而不發天下之人各爲其所欲焉以自爲方悲夫百家往而不反必不合矣後世之學者不幸不見天地之純古人之大體道術將爲天下裂

道藏於内則聖也顯於外則王也百家之術競起而殽亂其道所以晦而不顯也故曰内聖外王之道闇而不明鬱而不發天道既不明而不發世俗焉能見其全純乎又曰後世之學者不幸不見天地之純古

人之大體夫不見其全純者是道之所以滅裂而諸子之言交起也故復言道術將爲天下裂而繼言諸子之異術此莊子爲言始終之序也

不侈於後世不靡於萬物不暉於數度以繩墨自矯而備世之急古之道術有在於是者墨翟禽滑釐聞其風而說之爲之大過已之大循作爲非樂命之曰節用生不歌死無服墨子氾愛兼利而非鬬其道不怒又好學而博不異不與先王同毀古之禮樂黃帝有咸

池堯有大章舜有大韶禹有大夏湯有大濩文王有辟雍之樂武王周公作武古之喪禮貴賤有儀上下有等天子棺槨七重諸侯五重大夫三重士再重今墨子獨生不歌死不服桐棺三寸而無槨以爲法式以此教人恐不愛人以此自行固不愛己未敗墨子道雖然歌而非歌哭而非哭樂而非樂是果類乎其生也勤其死也薄其道大觳使人憂使人悲其行難爲也恐其不可以爲聖人之道反天下之心天下不堪墨子雖獨能任柰天下

何未於天下其去王也遠矣墨子稱道曰昔者禹之湮洪水決江河而通四夷九州也名川三百支川三千小者無數禹親自操槀耜而九雜天下之川腓無胈脛無毛沐甚雨櫛疾風置萬國禹大聖也而形勞天下也如此使後世之墨者多以裘褐爲衣以跂蹻爲服日夜不休以自苦爲極曰不能如此非禹之道也不足謂墨相里勤之弟子五侯之徒南方之墨者苦獲已齒鄧陵子之屬俱誦墨經而倍譎不同相謂別墨以堅白同異之辯相

訾以觭偶不仵之辭相應以巨子爲聖人皆願爲之尸冀得爲其後世至今不決墨翟禽滑釐之意則是其行則非也將使後世之墨者必自苦以腓無胈脛無毛相進而已矣亂之上也治之下也雖然墨子真天下之好也將求之不得也雖枯槁不舍也才士也夫不累於俗不飾於物不苟於人不忮於衆願天下之安寧以活民命人我之養畢足而止以此白心古之道術有在是者宋鈃尹文聞其風而悅之作爲華山之冠以自表接萬物以

別宥爲始語心之容命之曰心之行以聏合驩以調海內請欲置之以爲主見侮不辱救民之鬬禁攻寢兵救世之戰以此周行天下上說下教雖天下不取强聒而不舍者也故曰上下見厭而强見也雖然其爲人太多其自爲太少曰請欲固置五升之飯足矣先生恐不得飽弟子雖飢不忘天下日夜不休曰我必得活哉圖傲乎救世之士哉曰君子不爲苛察不以身假物以爲無益於天下者明之不如已也以禁攻寢兵爲外以情欲寡淺

爲内其小大精粗其行適至是而止公而不當易而無私決然無主趣物而不兩不顧於慮不謀於知於物無擇與之俱往古之道術有在於是者彭蒙田駢慎到聞其風而悅之齊萬物以爲首曰天能覆之而不能載之地能載之而不能覆之大道能包之而不能辯之知萬物皆有所可皆有所不可故曰選則不徧教則不至道則無遺者矣是故慎到棄知去已而緣不得已泠汰於物以爲道理曰知不知將薄知而後鄰傷之者也謑髁無任

而笑天下之尚賢也縱脫無行而非天下之大聖椎拍輐斷與物宛轉舍是與非苟可以免不師知慮不知前後魏然而已矣推而後行曳而後往若飄風之還若羽之旋若磨石之隧全而無非動靜無過未嘗有罪是何故

夫無知之物無建己之患無用知之累動靜不離於理是以終身無譽故曰至於若無知之物而已無用賢聖夫塊不失道豪桀相與笑之曰慎到之道非生人之行而至死人之理適得怪焉田駢亦然學於彭蒙得不教焉

彭蒙之師曰古之道人至於莫之是莫之非而已矣其風窢然惡可而言常反人不聚觀而不免於魭斷其所謂道非道而所言之韙不免於非彭蒙田駢慎到不知道雖然槩乎皆嘗有聞者也以本爲精以物爲粗以有積

爲不足澹然獨與神明居古之道術有在於是者關尹老聃聞其風而悅之建之以常無有主之以太一以濡弱謙下爲表以空虛不毀萬物爲實關尹曰在己無居形物自著其動若水其靜若鏡其應若響芴乎若亡寂乎

南華真經新傳

若清同焉者和得焉者失未嘗先人而常隨人老聃曰知其雄守其雌爲天下谿知其白守其辱爲天下谷人皆取先己獨取後曰受天下之垢人皆取實己獨取虛無藏也故有餘巋然而有餘其行身也徐而不費無爲也而笑巧人皆求福己獨曲全曰苟免於咎以深爲根以約爲紀曰堅則毀矣銳則挫矣常寬容於物不削於人可謂至極關尹老聃乎古之博大眞人哉芴漠無形變化無常死與生與天地並與神明往與芒乎何之忽乎何

適萬物畢羅莫足以歸古之道術有在於是者莊周聞其風而說之以謬悠之說荒唐之言無端崖之辭時恣縱而不儻不以觭見之也以天下爲沈濁不可與莊語以卮言爲曼衍以重言爲真以寓言爲廣獨與天地精神往來而不敖倪於萬物不譴是非以與世俗處其書雖環瑋而連犿無傷也其辭雖參差而淑詭可觀彼其充實不可以已上與造物者遊而下與外死生無終始者爲友其於本也弘大而辟深閎而肆其於宗也可謂調適

而上遂矣雖然其應於化而解於物也其理不竭其來不蛻芒乎昧乎未之盡者惠施多方其書五車其道舛駁其言也不中歷物之意曰至大無外謂之大一至小無内謂之小一無厚不可積也其大千里天與地卑山與澤平日方中方睨物方生方死大同而與小同異此之謂小同異萬物畢同畢異此之謂大同異南方無窮而有窮今日適越而昔來連環可解也我知天下之中央燕之北越之南是也氾愛萬物天地一體也惠施以此為

大觀於天下而曉辯者天下之辯者相與樂之卵有毛雞三足郢有天下犬可以爲羊馬有卵丁子有尾火不熱山出口輪不蹍地目不見指不至至不絶龜長於蛇矩不方規不可以爲圓鑿不圍枘飛鳥之景未嘗動也鏃矢之疾而有不行不止之時狗非犬黄馬驪牛三白狗黑孤駒未嘗有母一尺之捶日取其半萬世不竭辯者以此與惠施相應終身無窮桓團公孫龍辯者之徒飾人之心易人之意能勝人之口不能服人之心辯者之囿

也惠施日以其知與人之辯特與天下之辯者爲怪此其柢也然惠施之口談自以爲最賢曰天地其壯乎施存雄而無術南方有倚人焉曰黃繚問天地所以不墜不陷風雨雷霆之故惠施不辭而應不慮而對徧爲萬物說說而不休多而無已猶以爲寡益之以怪以反人爲實而欲以勝人爲名是以與衆不適也弱於德强於物其塗隩矣由天地之道觀惠施之能其猶一蚉一虻之勞者也其於物也何庸夫充一尚可曰愈貴道幾矣惠施

不能以此自寧散於萬物而不厭卒以善辯爲名惜乎惠施之才駘蕩而不得逐萬物而不反是窮響以聲形與影競走也悲夫

夫莊子敘墨子宋鈃尹文彭蒙田駢慎到關尹老聃惠施桓團公孫龍之徒而皆言古之道術在此者蓋明諸子酌取聖道之緒餘而各爲一家之言也然以關尹老聃爲真人者以二子不假於物而爲言出於性之至真也故曰古之博大真人哉周人自以其說爲謬悠其言爲荒唐其辭爲無

端崖者蓋高言盡道而矯世俗之弊天下必以其書爲謬悠荒唐無崖也故自言之而窒非可謂明達而先知也

南華真經新傳卷之二十 續十

南華真經拾遺　　積十一

宋　王　元　澤　集

太廟之犧　周之爲書特有寓而言耳討其文而不以意原之此爲周者之所以訟也周曰上必無爲而用天下下必有爲而爲天下用又自以爲處昏上亂相之間故窮而無所見其材孰爲周之言皆不可措手君臣父子之間而遭世遇主終不可使有爲也及其引太廟之犧以辭楚之聘使彼蓋危言拒衰世之常人爾夫以周之才豈迷出處之方而專

畏犧者哉蓋孔子所謂隱居放言者周殆其人也

春秋經世　聖人有論議無辨諸子有辯無論議論者論說而止議者議評而止辨者辨其事之是非如何耳六合之外聖人存而勿論六合之內聖人論而不議聖人有論也春秋議而不辨春秋經世之迹第議而已聖人有議也聖人之有議非得已也豈若衆人務辨以相示歟

罔兩問影　莊子之書兩言罔兩之問影以

影之爲影似待乎形而實不相待也而不知者以起坐俯仰爲在形豈知影寔不待於形歟夫以影必待形形必待造物者是不能冥於獨化耳能冥於獨化則知影之不待形形之不待造物極於無有而已故曰惡識其所以然不然

夢爲胡蝶　莊子以其自適則言夢爲胡蝶以其自樂則言如魚之樂以胡蝶微小飛揚而無所不至矣以魚處深渺而能活其身矣所以寓其自適自樂之意於二物在於齊諧

第二

萬物也

卮言　卮言不一之言也言之不一則動而愈出故曰日出言不一而出之必有本故曰和以天倪天倪自然之妙本也言有其本則應變而無極故曰因以曼衍言應變無極則

古今之年有時而窮盡而吾之所言無時而極也故曰所以窮年此周之爲言雖放縱不一而未嘗離於道本也故郭象以周爲知本者所謂知莊子之深也

雜說

萬物之所道者道也道者物之所道而無有不在故在大則未嘗有所過而在細則未嘗有所遺是以萬物之才性分中亦各有所取而此莊周之爲書而言及鯤鵬蜩鷽斥鴳鷦鷯螳羊魚蝶馬牛山木之類也

道之本在太極之先而不爲高根在六極之下而不爲深未有天地也先天地生而不爲久自古以固存也長於上古而不爲壽萬有不同謂之富不同同之之謂大富有之謂大業此聖人也

有形然後有名有名然後有分有分然後有守莊子曰形名已明分守次之

莊子所謂不折鏌鎁不怨飄瓦與夫不怒虛舟之意同也

天地有大美而不言四時有明法而不議萬物有成理而不說是以孔子欲無言也則曰天何言哉四時行焉百物生焉非體道者孰能與此

率性者自然也修道者使然也自然者天也使然者人也在自然之中者有也在使然之

外者無也人安能奪其所有益其所無哉故所有者性也所無者莊子之所謂侈也德者己之所有也於己之所有人益之是侈也故曰駢拇枝指出乎性哉而侈於德附贅縣疣出乎形哉而侈於性

君子之迹有窮通聖人之道無鈍利民之所見者然也君子之迹有窮通其心則無窮通之異也故曰窮亦樂通亦樂以窮通爲寒暑風雨之序也

莊子曰無以故滅命人道之謂故天道之謂

第四

命

道譬則歲也聖譬則時也莊周所以作秋水
而言時至者當其時而已奈曲士指此而非
之宜其慣夏蟲之不可以語於冰井蛙之不
可以語於海也

莊子言顏回忘仁義矣未能忘禮樂仁義先
忘而禮樂後忘是仁義不如禮樂也此莊子
先言忘內而後忘外仁義內也未能忘外禮
樂外也內外忘然後能坐忘此其言之所以
不同也

聖人以必不必衆人以不必必何謂也大人者言不必信行不必果必不必也言必信行必果以不必必也莊子之言有與聖賢相似者不可全非而已矣

聖人不自立意而意常存不自有我而我常在迫之而後動不得已而後起非有意而動也非有我而起也亦曰應之而已

莊子曰物物者不物於物與荀子精於道者物物之言相合也

靜者本也動者末也靜與物爲常動與物爲

第五

應者聖人也靜與物爲離動與物爲構者衆人也聖人物物衆人物於物知斯而已矣孔子曰君子學以致其道莊周曰道不可致孔子曰中庸之爲德也其至矣乎莊周曰德不可至何也曰孔子言其在人莊周言其在天以其在天則自然之道奚由致而自得之德奚由至以其在人則深造之道不可致何由得道日新之德不至何由得德惟夫能致然後可以不致惟夫能至然後可以不至莊周之書究性命之幽合道德之散將以去

其昏昏而易之以昭昭此歸根復命之説剖斗折衡之言所以由是起矣雖然道於心而會於意則道問而無應又奚俟於言者歟蓋無言者雖足以盡道之妙而不言者無以明故不得已而後起感而後動迫而後應則駕其所説而載之於後而使夫學者得意則亡象得象則亡言此亦莊子之意有異於世也

莊子言澤雉之處樊中以其失於眞性也古之至人則能忘其機心息其外慮心與太虛齊道以陰陽會以天地爲一朝以曠代爲一

第六

府無人非爲異故物不得而親不得而踈此
其迭出於範圍之外而又非澤雉之在乎樊
中也
莊子曰古之眞人過而弗悔當而不得則是
聖人未嘗無過也過而不自以爲悔與天同
也若其與人同者則有改過不吝其更也人
皆仰之者矣冬而燠夏而寒天地之過也天
地且有過況聖人乎大恐之謂懼小恐之謂
惴莊子曰大恐漫漫小恐惴惴
莊子之書其通性命之分而不以死生禍福

動其心其近聖人也自非明智不能及此明知矣讀聖人之説亦足以及此不足以及此而陷溺於周之説則其爲亂大矣

夜氣存者萬慮息也不定以存者謂不能朝徹也能朝徹則所謂復德之本也

神有甚於聖而鼓舞萬物者神也與萬物同憂者聖也神不聖則不行聖不行不藏莊周之言尚神而賤聖矯枉之過也

莊子曰自本自根本者一在於木下根者木止於艮旁本出於根而根附於本相須而生

也故本者命也根者性也老子曰歸根曰靜
以言性也靜曰復命以言本也
莊子之書有言眞人至人者以眞者言乎其
性也至者人道之至也
明者神之散神者明之藏是明由神之所致

也故曰明不勝神
老子曰天門開闔莊子曰天門無有以其萬
物由之而出故曰開闔以其萬物由之而藏
故曰無有
莊子之言涬溟者所謂無盡之際復無盡也

萬物芸芸而生成於中所以不見其極也

萬物備之於天地之中而天地非有意於萬物也故曰大備矣莫若天地然奚求焉而大備矣萬物亦備於我身而我非外更役物也故曰知大備者無求如此則自得而不遺於道也安能舍己而逐物歟故曰無失無棄不以物易己也

莊子曰有名有實是物之居者所謂在體爲體在用爲用而萬物之所由是也無名無實在物之虛者所謂不聞不見而必集於虛是

也可言可意言而愈疏者無言無意而道所以親也

莊周之書載道之妙也蓋其言救性命未散之初而所以覺天下之世俗也豈非不本於道乎夫道海也聖人百川也道歲也聖人時也百川雖不同而所同者海四時雖不同而所同者歲孔孟老莊之道雖適時不同而要其歸則豈離乎此哉讀莊子之書求其意而忘其言可謂善讀者矣

南華真經拾遺

南華真經拾遺

第九